Le Manager à l'écoute du sociologue

Les auteurs
vous font partager leurs convictions
en vidéo
sur *editions-organisation.com*

Éditions d'Organisation
1, rue Thénard
75240 Paris Cedex 05
Consultez notre site :
www.editions-organisation.com

Dans la série Efficacité du manager :

- Patrick AUDEBERT-LAROCHAS : *La négociation*, 2e édition 1999.
- Éric ALBERT, Jean-Luc EMERY : *Le manager est un psy*, 1998.
- Éric ALBERT, Jean-Luc EMERY : *Au lieu de motiver, mettez-vous donc à coacher*, 1999.

ISBN : 2-7081-2447 - 1

Pierre MORIN

Éric DELAVALLÉE

Le Manager à l'écoute du sociologue

Quatrième tirage 2001

Éditions d'Organisation

Sommaire

Introduction

Les organisations sont des artefacts : ce sont des créations de l'homme. Pourquoi un individu ou un groupe d'individus décide-t-il de créer une organisation ? Pour obtenir un résultat qu'il ne pourrait obtenir seul. La division du travail, chère à l'économiste A. Smith et au sociologue E. Durkheim, est consubstantielle à l'idée d'organisation. Une organisation poursuit un ou plusieurs buts : fabriquer des produits ou fournir des services à destination de clients ou d'usagers en échange de ressources, le plus souvent financières. Pour ce faire, elle attend des individus qui la composent une contribution (à la fabrication des produits ou à la réalisation des services), en échange de quoi elle les rétribue (à partir des ressources issues de la vente des produits ou des services). De manière très schématique, on peut dire que toute organisation a ainsi deux grandes catégories de problèmes à résoudre pour assurer sa survie et favoriser son développement :

1. s'adapter à un environnement (clients, concurrents,...) ;
2. intégrer des individus en son sein.

Pour résoudre ces deux grandes catégories de problèmes, les dirigeants de toute organisation déterminent des objectifs, la dotent de structures, mettent en place des techniques de production et de gestion. Chemin faisant, l'organisation se consti-

Toute organisation a par définition 2 grandes catégories de problèmes à résoudre : s'adapter à un environnement et intégrer des individus en son sein

tue un répertoire de solutions ayant fait leurs preuves et progressivement partagées par la plupart de ses membres : une culture. Ces éléments (objectifs, structures, techniques et culture) sont en relation les uns avec les autres et forment le système que constitue toute organisation. Un système, c'est-à-dire un ensemble finalisé d'éléments en interaction : voilà une première manière de représenter une organisation. Les individus qui composent cette dernière ne sont pas complètement absents d'un tel mode de représentation. Parce que la dimension formelle de chaque élément du système organisation interagit avec leur environnement de travail, ils participent aussi, par leurs comportements et les relations qu'ils entretiennent entre eux, à les façonner : une dimension informelle venant s'agréger à la dimension formelle pour former le système organisation. Ils ne sont pas absents d'une telle représentation de l'organisation, mais ne sont pas non plus au centre de l'analyse.

Et pourtant, une organisation, n'est-ce pas avant tout un ensemble d'individus interdépendants qui prennent des décisions, petites et grandes, pour résoudre les deux catégories de problèmes auxquels elle doit faire face de manière à assurer sa survie et favoriser son développement ? Les décisions sont prises par des individus, c'est vrai nous accorderont facilement certains, mais, en particulier dans les entreprises de taille, les réponses aux problèmes sont formalisées dans des procédures standards. Les individus ne font que les appliquer. Voilà pourquoi quand on parle d'organisation, on pense spontanément plutôt aux procédures.

L'organisation est aussi un système social

Quiconque a passé un temps, même succinct, dans une entreprise a rapidement pu observer que les procédures, parties intégrantes des structures (un des composants du système organisation), décrivaient souvent moins la manière dont les décisions se prennent réellement que la manière dont elles devraient se prendre. Il en va de même pour l'organigramme. Un consultant se prépare à intervenir dans une entreprise. Son client, c'est-à-dire la personne qui a sollicité son intervention, lui présente l'organigramme de l'entreprise. Puis, rapidement il le met en garde : il faudra que je vous explique le dessous des cartes.

L'écart entre la manière dont l'entreprise devrait fonctionner et la manière dont elle fonctionne dans les faits peut ne pas être négligeable. Pourquoi ? Parce que les véritables solutions organisationnelles résultent de la manière dont des individus, concrets et non abstraits, c'est-à-dire entre autres imparfaits et intéressés, organisent leur système de relations pour résoudre les problèmes auxquels l'organisation doit faire face. Or, ces systèmes de relations concrètes peuvent ne pas complètement se superposer aux règles et aux procédures, c'est-à-dire à la dimension formelle de la structure organisationnelle. En braquant les projecteurs sur les individus et leurs relations, on analyse la manière dont l'organisation fonctionne dans les faits et non la manière dont elle devrait fonctionner selon les règles en vigueur, c'est-à-dire la manière dont quelques-uns, en particulier ses dirigeants, souhaitent qu'elle fonctionne.

Un ensemble de relations concrètes entre des individus interdépendants, c'est-à-dire un système social : voilà une seconde manière de représenter une organisation. Le système n'est pas absent d'un tel mode de représentation : objectifs, structures, techniques et culture, c'est-à-dire chacun des composants du système, structurent le comportement des individus qui composent l'organisation et constituent le cadre à l'intérieur duquel ils nouent leurs relations. Sa modification, l'évolution d'un de ses composants, sont même fréquemment des enjeux de concurrence entre eux.

Qui a aujourd'hui le mieux appréhendé et analysé les organisations comme des systèmes sociaux ? Les sociologues. Si on veut bien admettre que l'examen des faits organisationnels réels est utile pour agir avec plus de pertinence et prendre des décisions plus judicieuses, alors la sociologie des organisations devient un immense réservoir de connaissances pour le management.

Une seconde « paire de lunettes » s'impose au manager

Le thème de cet ouvrage est le management des organisations. Les bibliothèques sont déjà bien remplies de livres sur ce sujet. Alors pourquoi un ouvrage supplémentaire ? Qu'est-ce qui le différencie des autres ? Une conviction. Nous sommes convaincus que, pour agir, le manager doit de plus en plus être capable d'appréhender l'organisation aussi comme un ensemble de relations concrètes entre des individus interdépendants. Pourquoi ? Parce que l'efficacité des organisations ne provient plus de la seule qualité de leurs structures et techniques de production et de gestion, aussi sophistiquées soient-elles. Elle reste une condition nécessaire, mais n'est plus, à elle seule, suffisante. L'efficacité des organisations dépend de plus en plus des conditions de coopération qu'elles arrivent à mettre en place entre les individus qui les composent. Prendre le point de vue des individus et des relations qu'ils entretiennent entre eux, c'est-à-dire penser l'organisation comme un système social, devient pertinent pour le management. Cette seconde « paire de lunettes » ne s'oppose pas à la première, celle qui appréhende l'organisation comme un système. Elle ne remet pas non plus en cause son intérêt pour le manager. Bien au contraire. Elle la complète et l'enrichit de manière à prendre davantage en considération l'action des individus sur l'organisation et ses résultats.

L'efficacité des entreprises d'hier résultait principalement de la qualité de leurs règles, procédures, modes opératoires, qui structuraient les rôles de chacun. Il était demandé aux individus de les suivre et de les respecter. Leur rôle n'était pas de penser, mais de reproduire à l'identique ce qui avait été pensé par d'autres, en particulier le bureau des méthodes. Les situations de travail étaient suffisamment formalisées et précisément définies pour que, en les faisant évoluer, on agisse quasi-mécaniquement sur les comportements. Structures formelles et informelles se superposaient le plus souvent. Quand ce n'était pas le cas, on faisait comme si.

Professionnaliser les hommes au lieu de sophistiquer règles et procédures

Sous la pression de l'évolution des environnements économique (mondialisation de l'économie, concurrence accrue, développement des nouveaux pays industrialisés,...) et technique (informatique, télématique, automatisation,...), les objectifs des entreprises se complexifient : la qualité et la flexibilité viennent s'ajouter à la productivité qui garde toute son importance. Là où on attendait des individus qu'ils respectent des règles, procédures et modes opératoires, on attend aujourd'hui qu'ils prennent des initiatives et fassent preuve de créativité. Pourquoi ? Parce que, pour s'adapter aux exigences de leur environnement, les entreprises ont besoin de plus de souplesse et de réactivité et, pour cela, misent davantage sur les individus qui les composent, seuls capables de faire face à la complexité. Professionnaliser les hommes au lieu de sophistiquer les règles et les procédures, tel est le mot d'ordre des entreprises postindustrielles selon M. Crozier (1989).

La complexification des objectifs des entreprises trouve ainsi deux traductions concrètes au niveau des situations de travail : autonomie accrue et officialisée à tous les niveaux de la ligne hiérarchique d'une part, plus grande coopération entre des salariés appartenant à des services, départements,... différents d'autre part. Aujourd'hui, les conditions de l'efficacité des entreprises passent aussi par l'acceptation de l'informel et donc la réfutation de son caractère pathologique ou d'anormalité d'une part, sa structuration pour en tirer le plus grand profit possible d'autre part. Du fait de leur autonomie accrue, les individus sont, pour une partie au moins, producteurs de leur propre situation de travail. C'est même fondamentalement ce qu'on attend d'eux. Pour obtenir souplesse et réactivité, on mise davantage sur ce que H. Mintzberg (1981) appelle l'ajustement mutuel, c'est-à-dire les relations informelles, comme mode de coordination d'organisations aussi horizontales que transversales. Là où on cherchait à faire rentrer l'individu dans le moule de l'organisation (the right man at the right place), on cherche aujourd'hui davantage à structurer l'organisation autour des individus qui la composent de manière à tirer le plus grand profit possible de leurs ressources pour faire face à la complexité croissante des environnements. Prendre le point de vue des individus et des relations qu'ils entretiennent entre eux pour penser l'organisation devient ainsi davantage pertinent pour le management.

Dans un numéro de la *Revue Économique* consacré à la confrontation des points de vue de l'économiste et du sociologue, on trouve exprimées, au fil des articles, les différences suivantes entre les deux disciplines :

- le sociologue se donne pour tâche de décrire la réalité ou plutôt de la comprendre, alors que l'économiste, lui, cherche à la reconstruire comme un cristal pur où l'ordre serait entièrement détaché du bruit ;

- au « toutes choses égales par ailleurs » de l'économiste répond le « toutes choses considérées » du sociologue ;

Le réel se laisse de moins en moins mettre en équation

Pourquoi le management a-t-il jusqu'à présent emprunté plus à l'économiste qu'au sociologue ? P. Bourdieu (1984), titulaire de la chaire de sociologie au Collège de France, nous donne des éléments de réponse à cette question : en mettant le réel en équation, l'économiste assure, pour un coût infiniment moindre, des profits bien supérieurs à ceux procurés par les analyses du sociologue pour peu que, par la formalisation et la modélisation, il arrive à donner l'apparence de la scientificité à ses analyses. Dans un monde gouverné par l'efficacité et l'efficience, on comprend aisément vers quelle discipline le manager est naturellement tenté de se tourner. Et il a évidemment raison de le faire. Personne ne peut prétendre le contraire. Mais, compte tenu de l'évolution des configurations organisationnelles, notre conviction est que d'une part, le réel organisationnel se laisse de moins en moins facilement mettre en équation et que, d'autre part, l'équation ne peut plus être l'unique mode de représentation de l'organisation pour agir de manière judicieuse en son sein. Malgré son coût, l'approche sociologique, en partant des individus et des relations qu'ils entretiennent entre eux, permet de porter un regard sur l'organisation fort utile au manager, et complémentaire à ceux de l'économiste et de l'ingénieur.

Si le système social est une « paire de lunettes » pertinente pour le manager, alors la question qui vient directement à l'esprit est la suivante : comment utiliser le savoir sociologique dans l'action, c'est-à-dire pour agir dans et sur le système organisation ? Non seulement la réponse à cette question ne va pas de soi, mais en plus, de notre point de vue, les sociologues ne nous aident pas beaucoup à y répondre. Pourquoi ? Parce que la sociologie s'est donnée comme objectif principal de décrire les systèmes sociaux et d'en expliquer le fonctionnement. Elle produit un savoir descriptif, pas normatif. Le sociologue est le plus souvent frileux, pour ne pas dire réservé, au moment du passage à l'action. Je t'explique comment cela fonctionne, dit-il au manager, mais maintenant c'est à toi d'agir. S'il peut révéler au manager ce que ce dernier ne voit pas, ne veut pas voir ou ce dont il ne tient pas assez compte, une fois son enquête terminée, le sociologue accepte au mieux le rôle de fou du roi, c'est-à-dire celui qui dit ce qu'on tait par crainte du roi et qui n'est tolérable que dit par ce fou (N. Alter et C. Dubonnet, 1994). C'est ainsi le plus souvent seuls que nous devrons faire le chemin permettant le passage à l'action.

Un ouvrage au carrefour de la sociologie des organisations et du management

Cet ouvrage n'est ainsi comparable ni à un ouvrage traditionnel de management, se référant peu aux sciences humaines et sociales, ni à un ouvrage de sociologie des organisations à proprement parler qui resterait fondamentalement descriptif. Il a l'ambition de se situer au carrefour de ces deux disciplines qui s'ignorent trop souvent et depuis trop longtemps à notre goût. Il comporte trois parties. La première vise à doter le manager des grilles de lecture et outils, relativement traditionnels dans le domaine de l'organisation, qu'il doit maîtriser pour être à même d'agir sur le système. Il s'agit d'expliciter ce dernier, de décrire chacun de ses composants et de caractériser les conditions d'efficacité de l'organisation. Dans la seconde partie, nous proposons des grilles de lecture du fait social au sein de l'organisation. Il s'agit d'expliquer et de comprendre le comportement des individus dans un premier temps, pour mieux appréhender l'organisation comme un système social dans un second. La boîte à outils du manager est alors complétée d'un second compartiment, complémentaire au premier : le raisonnement et les grilles de lecture du sociologue des organisations.

Enfin, la troisième partie vise le passage à l'action. Pour tout manager, décrire, analyser et mieux comprendre le fonctionnement de son entreprise ou de l'unité dont il a la responsabilité ne peut être un but en soi. C'est un moyen, une étape, pour lui permettre d'agir avec plus de pertinence et de prendre des décisions plus judicieuses. Cette dernière partie vise à répondre à la question suivante : comment intégrer le savoir sociologique à l'action, c'est-à-dire comment l'utiliser pour agir dans et sur le système organisation ? Avant d'apporter des éléments de réponse concrets et opérationnels à cette question, nous examinons pourquoi, compte tenu des évolutions organisationnelles actuelles, la sociologie des organisations présente un intérêt de plus en plus important pour le management.

PREMIÈRE PARTIE

Une organisation : des objectifs, des structures, des techniques, une culture

Pour atteindre ses objectifs, toute organisation se dote de structures, met en place des techniques de production et de gestion et, au fil du temps, produit sa propre culture. Objectifs, structures, techniques et culture font système, c'est-à-dire qu'ils sont en interaction les uns avec les autres. Ils constituent les quatre sous-systèmes du système organisation.

L'organisation : un système composé de 4 sous-systèmes

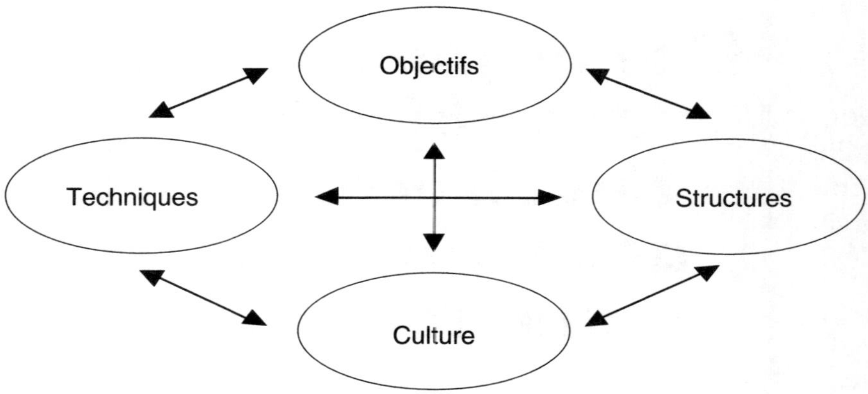

Un des intérêts majeurs d'une représentation de l'organisation sous forme d'un système est de mettre l'accent au moins autant sur les relations entre ses sous-systèmes que sur les sous-systèmes eux-mêmes. Cet axiome méthodologique se traduit très concrètement par deux principes d'action simples et pourtant trop souvent oubliés :

1. l'efficacité de l'organisation résulte plus de la cohérence entre ses quatre sous-systèmes que de la qualité de chacun d'eux pris séparément ;
2. la modification de l'un des sous-systèmes nécessite le plus souvent une évolution des trois autres.

La première partie de cet ouvrage vise à aborder l'organisation sous l'angle du système. Elle est composée de trois chapitres :

- Le premier présente les sous-systèmes que nous avons qualifiés « sous-systèmes de base » parce que, de tout temps, ils figurent comme composants des représentations systémiques de l'organisation ;
- Le deuxième braque les projecteurs sur un sous-système en particulier : la culture. Cette notion, importée de l'ethnologie, pénètre le monde du management seulement à partir des années 1980 ;
- Le troisième présente quelques principes de systémique utiles au manager et caractérise les conditions d'efficacité du système organisation.

L'organisation sera ici appréhendée dans sa globalité. Cette grille de lecture, l'organisation comme un système, peut cependant s'appliquer de la même manière à toute unité organisationnelle : un service, un département,...

CHAPITRE 1

Les sous-systèmes de base : objectifs, structures et techniques

Si cet ouvrage était paru dans les années 1970, il présenterait selon toute vraisemblance l'organisation comme un système composé de trois sous-systèmes seulement : des objectifs, des structures et des techniques. A cette époque, les entreprises avaient bien une culture, mais cette dernière n'était pas une variable pertinente pour le management. Nous reviendrons plus longuement sur ces raisons dans le chapitre 2 consacré exclusivement à la culture d'entreprise. En qualifiant objectifs, structures et techniques de « sous-systèmes de base », nous ne voulons pas dire qu'ils sont plus importants que la culture, loin s'en faut, mais simplement que leur antériorité, comme composants des représentations systémiques de l'organisation, est plus grande.

Les objectifs organisationnels

La création d'une organisation résulte toujours d'un acte délibéré, par le biais duquel un individu (ou un groupe d'individus) a décidé, de manière plus ou moins consciente, de lui donner vie. Les organisations sont des artefacts sociaux : elles sont des créations humaines, des inventions de l'homme à qui elles doivent leur existence. On ne crée pas une entreprise, ou un organisme de quelque nature qu'il soit, sans raison. On crée une organisation dans un ou des buts, même si ces derniers peuvent être plus ou moins précis. Dans la littérature, on ne trouve aucune définition du concept d'organisation qui ne mentionne l'existence de fins explicites. Toute organisation, par construction, poursuit nécessairement un ensemble d'objectifs.

Les objectifs organisationnels sont étroitement liés aux caractéristiques des environnements de l'organisation. Questions de survie et de développement. Jusqu'à la fin des Trente Glorieuses, la recherche de volume constitue l'objectif principal des entreprises, d'abord pour faire face à la demande puis pour réaliser des gains de productivité à travers des économies d'échelle et par effet d'expérience. Les entreprises sont positionnées sur des marchés clairement délimités et connaissent les forces et les faiblesses de leurs concurrents : c'est la course aux parts de marché. Les deux chocs pétroliers, et surtout le second, ont généré une redistribution des cartes économiques au niveau mondial et, par-là même, fondamentalement modifié ces règles du jeu. Les environnements économiques et technologiques, dérégulés et mondialisés, sont de plus en plus caractérisés par la turbulence, l'instabilité et la complexité. Les repères manquent. Là où la concurrence portait exclusivement sur les prix, elle joue à présent simultanément sur l'innovation technologique, la différenciation de l'offre, la réduction des délais, la qualité des produits,... alors même que les coûts restent dans bien des cas déterminants.

Il ne faut plus être performant sur un seul critère, les coûts, mais sur plusieurs simultanément. Pourquoi ? Parce que la logique concurrentielle subit de profonds changements :

- l'internationalisation de l'économie dissout progressivement les frontières des marchés nationaux et multiplie le nombre de concurrents ;
- la réduction de la durée de vie des produits rend progressivement les positions dominantes sur les segments de marché moins importantes que la capacité à développer des nouveaux produits et à les mettre rapidement sur le marché ;
- etc.

Dans un univers stable et bien défini, la concurrence pouvait s'assimiler à une guerre de positions. Il s'agissait de choisir un positionnement « gagnant » générateur d'un avantage concurrentiel. Dans un contexte de concurrence dynamique et globale, il s'agit moins de positionner des produits durables, vis-à-vis de concurrents clairement identifiés, sur des marchés bien définis,... que de développer une capacité d'adaptation rapide aux changements de l'environnement. Les objectifs organisationnels des entreprises se trouvent alors profondément modifiés.

Les organisations n'ont pas naturellement d'objectifs

« Les organisations n'ont pas d'objectifs ; seuls les individus en ont. » Comment comprendre cette remarque de J.G. March et R.M. Cyert (1963) ? Quand bien même ils sont liés aux caractéristiques de l'environnement, les objectifs d'une organisation ne sont pas des données exogènes. Il n'y a pas de déterminisme entre environnement et objectifs organisationnels. Les entreprises, en tant que créations humaines, n'ont pas naturellement d'objectifs. Les objectifs organisationnels sont fixés par les dirigeants et les managers tout au long de la chaîne hiérarchique. Les techniques d'analyse stratégique (matrices BCG et McKinsey, analyse des forces concurrentielles d'un secteur, démarches récentes par les Core Competences,...) par exemple, ont vocation à aider les dirigeants à fixer les buts et les objectifs de l'entreprise : se positionner sur tel ou tel marché, développer tel ou tel nouveau produit, acquérir telle ou telle nouvelle activité,... La fonction même du dirigeant consiste à poser et à maintenir ce qu'il estime devoir être, au regard de l'environnement, les objectifs de son entreprise afin d'assurer sa survie et éventuellement de favoriser son développement. De là, la remarque de J.G. March et R.M. Cyert : les entreprises n'ont pas d'autres objectifs que ceux fixés par les individus. Cela implique, comme conséquence, l'inexactitude de l'expression trop souvent entendue : les objectifs de l'entreprise. Expression spécieuse car n'ayant qu'une apparence de vérité. Formule trompeuse dans la mesure où les objectifs de l'entreprise sont les objectifs arrêtés par sa direction.

L'expression « les objectifs de l'entreprise » est inexacte dans la mesure où ce sont les objectifs arrêtés par la direction.

Les objectifs d'une entreprise, qui définissent un écart entre son état présent ou une valeur actuelle de son fonctionnement et un état ou une valeur voulus par ses dirigeants, se déclinent de manière horizontale et verticale en son sein. C'est l'idée fondamentale de la Direction Par Objectifs (DPO) qui suppose la déclinaison des objectifs organisationnels telle une cascade :

1. un responsable de niveau N fixe avec son supérieur hiérarchique les objectifs de l'unité dont il a la responsabilité pour la période à venir ;
2. à son tour, il fixe les objectifs de ses collaborateurs ;
3. parmi ces derniers, ceux ayant une fonction de management définissent avec leurs propres collaborateurs de niveau N-1 les objectifs de ces derniers ;
4. et ainsi de suite jusqu'au niveau hiérarchique le plus bas.

Débuter une démarche de DPO par la construction de pyramides d'objectifs, dont les origines remontent aux travaux de R. Likert (1967) sur les styles de management, permet de bien dissocier ligne hiérarchique et ligne de management et donne une bonne représentation du sous-système des objectifs (voir figure page suivante). On peut alors appréhender l'organisation comme un véritable réseau maillé d'acteurs, liés les uns aux autres par des objectifs déclinés à partir des buts généraux, et dans lequel tout titulaire d'une fonction managériale (à l'exception du Directeur Général) a une double appartenance : il est tout à la fois supérieur et subordonné.

Le management par les objectifs s'oppose à la bureaucratie

Le dispositif de fixation en cascade des objectifs, le suivi des résultats, les mesures correctives qui s'ensuivent, constituent la dynamique de toute action organisée. En cela, le management par les objectifs s'oppose à la bureaucratie et est plus adapté que cette dernière aux problèmes rencontrés par les entreprises dans le contexte organisationnel actuel. Pourquoi ? Parce que les objectifs remplissent trois fonctions essentielles : montrer clairement le but à atteindre, mobiliser les énergies vers ce but et servir de référence à l'évaluation des résultats (G. Commarmond et A. Exiga, 1998). Le réseau des objectifs, structure adaptative et réactive, l'emporte sur les grades, les

L'organisation est un réseau maillé d'acteurs liés les uns aux autres par des objectifs déclinés à partir des buts généraux

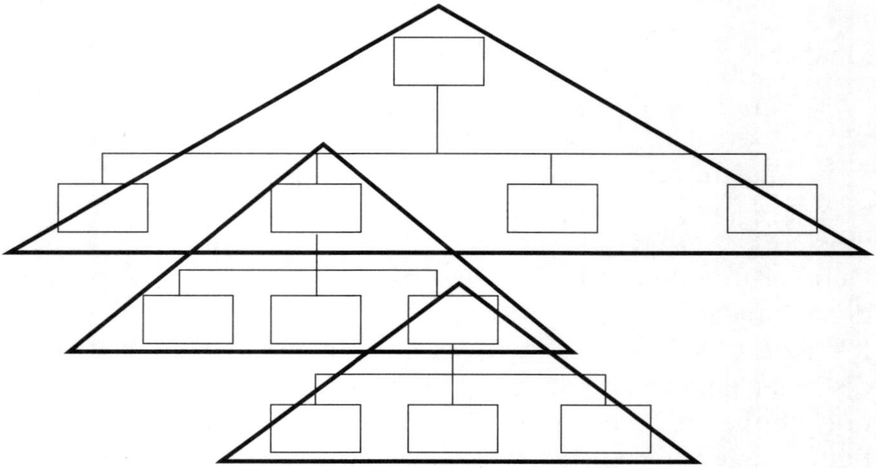

Figure 1.1.

statuts et l'appartenance à telle ou telle catégorie. Les entreprises les moins formalistes quant aux titres et aux définitions de fonction sont souvent très rigoureuses au niveau de la définition des objectifs, de leur déclinaison et du suivi des résultats.

Les résultats du fonctionnement d'une organisation sont plus importants que le respect des structures formelles verticales.

Un des intérêts des démarches récentes de reengineering ou de la vogue actuelle de la notion d'organisation par projet est de rappeler que les résultats du fonctionnement d'une organisation sont plus importants que le respect des structures formelles verticales. Mais si reengineering ou organisation par projet ne s'accompagnent pas d'une déclinaison d'objectifs et de leur suivi, on n'aura fait que la moitié du chemin.

Au sujet des objectifs, inutile de se laisser aller à quelque angélisme : les objectifs organisationnels sont nécessairement en partie convergents et en partie conflictuels. Il faut récuser deux discours simplificateurs et idéologiques au sujet des objectifs : il n'y a que conflit ou il n'y a que convergence. On considère souvent l'entreprise sans conflit comme un idéal et le conflit comme une anormalité. Cette conception d'une entreprise mythique sans conflit ne peut qu'induire en erreur. Le sous-système des objectifs est un sous-système en tension. Ce n'est pas bien ou mal, normal ou anormal,... c'est consubstantiel à l'idée même d'organisation.

On a souvent tendance à considérer que s'il y a conflit d'objectifs, c'est parce que ces derniers ne sont pas suffisamment précisés. Cela peut être le cas, mais pas seulement. Par nature, les objectifs d'une organisation sont aussi nécessairement divergents et conflictuels et, plus les environnements se complexifieront, plus il en sera ainsi. Il faut tout à la fois la croissance et le cash-flow, la productivité et la paix sociale, investir et distribuer des dividendes, réduire les coûts et innover,... A quoi cela tient-il ? Citons au moins deux raisons :

- Les exigences des clients peuvent se traduire par des objectifs conflictuels pour les fonctions de l'entreprise. Pour satisfaire les clients, l'usine doit produire à moindre coût tandis que les délais de livraison des commerciaux doivent être les plus courts possible. Le directeur de l'usine fixera à ses troupes l'objectif de minimiser le niveau des stocks, voire même de ne fabriquer qu'à la commande, pendant que le directeur commercial pestera contre les équipes qui n'auront pas eu la sagesse de constituer des stocks de produits finis, même contre les règles établies, parce que le délai de fabrication de l'usine est dans bien des cas plus important que le délai de livraison demandé par le client.
- Les acteurs parties prenantes à la définition des objectifs organisationnels peuvent avoir des intérêts divergents. Depuis les travaux de J.K. Galbraith (1968), on sait bien

que dans bon nombre d'entreprises de taille, là où les actionnaires favorisent la rentabilité des capitaux investis, les managers de la technostructure visent la croissance. Ces deux objectifs ne sont pas forcément contradictoires, mais ils peuvent être divergents dans certains cas.

Objectifs organisationnels et objectifs individuels : convergents pour une partie, divergents pour une autre

Définir des objectifs organisationnels a pour conséquence de fixer des limites aux objectifs des autres acteurs. Ces empreintes en creux n'accepteront que certains objectifs et en excluront *a priori* d'autres. Une stratégie prudente des dirigeants ne permettra, par exemple, que des carrières lentes pour les jeunes cadres, mais un emploi plus sûr. Il faudra que ceux-ci glissent leurs objectifs dans ce moule. Eux-mêmes fixeront en partie avec leurs propres objectifs, le moule des objectifs de leurs collaborateurs. Il s'ensuit une multiplicité d'interactions avec l'ensemble du sous-système des objectifs organisationnels. Interaction de cohérence, d'équilibre homéostatique, d'adéquation entre ce sous-système et les trois autres (techniques, structures et culture) qui composent l'organisation.

Mais également interaction entre les objectifs organisationnels et les membres de l'entreprise : les objectifs organisationnels concourent, au même titre que les trois autres sous-systèmes, à définir l'environnement de travail des salariés en créant pour eux des situations concrètes. A partir de leurs expériences, de leurs attentes et des analyses qu'ils feront de la situation, ils se fixeront des objectifs individuels, eux aussi convergents pour une partie et divergents pour une autre des objectifs organisationnels. L'économiste américain L.C. Thurow (1985) explique candidement à sa manière pourquoi les objectifs des managers, garants des objectifs organisationnels de l'unité dont ils ont la responsabilité, et les objectifs individuels de leurs subordonnés ont toutes chances d'être aussi divergents (voir illustration). Mais attention, l'art du manager ne consiste pas à supprimer les inévitables conflits comme on le croit trop souvent, mais à gérer des entreprises nécessairement conflictuelles en s'arrangeant pour que la part convergente de tous les objectifs (organisationnels et individuels) l'emporte sur la part conflictuelle. La valeur de l'acte de management vient de ce qu'il parvient à rendre finalement les objectifs au sein d'une entreprise suffisamment convergents. Nous verrons ainsi dans le chapitre 10 tout l'intérêt d'un management contractuel.

Les intérêts des managers et ceux des subordonnés ne coïncident pas

1 -	Managers et subordonnés agissent dans leur propre intérêt
2 -	Les managers contrôlent les récompenses des subordonnés
3 -	Les subordonnés contrôlent les niveaux d'effort
4 -	Les managers préfèrent les plus hauts niveaux d'effort et les rétributions les moins coûteuses
5 -	Les subordonnés préfèrent les plus faibles niveaux d'effort et les rétributions les plus avantageuses

Tableau 1.1.

Les macro et microstructures

Le sous-système des structures indique la manière dont l'organisation s'y prend pour réaliser ses objectifs. Il est lui-même composé de deux parties en interaction (Y.F. Livian, 1998) : les structures au niveau global de l'organisation (macrostructures) d'une part, celles qui se situent au niveau des individus et de leur situation de travail (microstructures) d'autre part.

Division du travail et coordination

Toute structure résulte de deux processus opposés mais complémentaires. La division du travail, processus vieux comme le monde dont l'économiste A. Smith et le sociologue E. Durkheim ont fourni des analyses approfondies, par laquelle les individus ne font pas tous la même chose, et s'efforcent de s'acquitter avec une maîtrise toujours accrue d'une part bien définie d'une tâche particulière. Grâce à la division du travail, l'organisation parvient à obtenir des résultats supérieurs à la somme des résultats qu'aurait obtenus chacun de ses membres séparément. Mais ce processus ne suffit pas, à lui seul, à assurer la bonne marche de l'organisation. Pour atteindre ses objectifs, une organisation ne peut en effet se contenter de répartir les tâches entre ses membres. Il lui faut également redonner une unité d'ensemble à ce qu'elle a morcelé par un processus dit de coordination qui vise à rapporter à l'objectif global les efforts séparés fournis par chacun de ses membres selon le rôle qui lui est dévolu.

Pour atteindre ses objectifs, une organisation ne peut se contenter de répartir les tâches entre ses membres. Il lui faut redonner une unité d'ensemble à ce qu'elle a morcelé par un processus de coordination.

Les macrostructures

Les concepts de division du travail et de mode de coordination ont trouvé des applications multiples. Ils ont par exemple été utilisés par P.R. Lawrence et J.W. Lorsch (1967), sous le vocable différenciation/intégration, pour caractériser les conditions d'efficacité des organisations. Nous y reviendrons largement dans le chapitre 3. Ils peuvent également trouver une application utile pour élaborer une typologie simple des macrostructures. On peut en effet distinguer les macrostructures les unes des autres selon les critères qui inspirent la division du travail et les modes de coordination (S. Zan et M. Ferrante, 1996). Trois critères primordiaux permettent alors d'identifier trois types de macrostructures de base : les structures fonctionnelles, divisionnelles et matricielles. Les structures en réseau, quant à elles, intègrent l'idée même de changement.

Les structures fonctionnelles privilégient les économies d'échelle

Les structures fonctionnelles d'abord qui sont des structures où on rassemble dans une même unité l'ensemble des individus investis de la même fonction (développement, fabrication, ventes,...) et/ou qui possèdent et mettent en œuvre le même type de connaissances (administration, logistique,...). Le critère de division du travail retenu est ainsi la fonction. Les principaux modes de coordination entre les unités fonctionnelles sont la ligne hiérarchique et les procédures. Ces structures, particulièrement adaptées aux entreprises de petite voire de moyenne taille et dont les activités sont peu diversifiées, privilégient les économies d'échelle qui résultent de la concentration des moyens et des connaissances.

Les structures divisionnelles regroupent les personnes nécessaires à l'atteinte d'un même résultat

Quand les différences entre les activités d'une entreprise sont telles que, non seulement on ne peut guère obtenir d'économies d'échelle en les regroupant par fonction, mais encore que cela pourrait nuire au développement de chacune des activités parce que leurs caractéristiques propres ne seraient pas assez reconnues, on choisira plutôt une structure divisionnelle (par exemple, une entreprise qui fabrique à la fois des téléphones et des ordinateurs). On rassemble alors au sein d'une même division toutes les personnes nécessaires à l'atteinte d'un même résultat (la conception, la production et la vente des téléphones, unités qui concourent toutes à la mise sur le marché des téléphones, dans une division téléphones ; idem pour les ordinateurs). Le critère de division du travail n'est plus la fonction, mais le résultat. Les principaux modes de coordination de ces structures sont les staffs (Direction du Plan et de la Stratégie, DRH,...), les organes collégiaux du type Comité de Direction et la standardisation des résultats entre les divisions (ratios de rentabilité, taux de croissance,...).

Les structures matricielles permettent une adaptation à un environnement turbulent

Enfin, certaines organisations ne peuvent se satisfaire d'une structure fondée sur la prééminence d'un seul critère de division du travail : fonction ou résultat. Ces organisations consacrent le plus souvent les mêmes moyens à la réalisation de missions différentes. C'est par exemple le cas des universités qui ont tout à la fois une mission de diffusion du savoir (enseignement) et de production du savoir (recherche) ou de certains cabinets conseil qui doivent tout à la fois acquérir une expertise technique dans des domaines particuliers (stratégie, organisation, Gestion des Ressources Humaines,...) et proposer à leurs clients des solutions intégrées pour résoudre des problèmes globaux (mettre en place un système d'information, faire évoluer une organisation et les individus qui la composent,...) recouvrant des aspects techniques multidimensionnels. Ces organisations adopteront alors plutôt une structure matricielle.

Il n'y a pas de bonne ou de mauvaise structure dans l'absolu. Chacune (fonctionnelle, divisionnelle ou matricielle) comporte des avantages et des inconvénients et est adaptée à des exigences environnementales et des caractéristiques organisationnelles différentes.

Il n'y a pas de bonne ou de mauvaise structure dans l'absolu. Chacune (fonctionnelle, divisionnelle ou matricielle) comporte des avantages et des inconvénients et est adaptée à des exigences environnementales et des caractéristiques organisationnelles différentes.

Chaque type de structure comporte des avantages et des inconvénients

	Avantages	**Inconvénients**
Structure fonctionnelle	• Favorable à la réalisation d'économie d'échelle et à la division du travail	• Aucune des unités ne peut évaluer clairement sa contribution à la performance d'ensemble • La direction doit recourir à un contrôle lourd pour suivre de près l'activité de chaque unité • Toute complexification de l'activité risque d'aboutir à une perte d'efficacité importante liée à une perte de contrôle
Structure divisionnelle	• Meilleure capacité de réaction face aux changements de l'environnement parce que calquée sur les segments stratégiques • Plus grande autonomie/ responsabilisation car permet de définir des centres de responsabilité dotés d'objectifs et de moyens propres	• Ne permet pas d'exploiter au mieux les économies d'échelle • Ne facilite pas la transmission des connaissances dans la mesure où les spécialistes sont dispersés dans les unités
Structure matricielle	• Permet une adaptation à un environnement turbulent et instable • Favorise l'innovation et l'utilisation des compétences individuelles	• Génère une complexité dans les relations et les communications • Exige une culture d'entreprise qui admette la négociation comme mode de relation inter-individuelle

Tableau 1.2.

Les structures en réseau intègrent en elles-mêmes l'idée de changement

Ces structures de base ont au moins une caractéristique commune. En les adoptant, on cherche à adapter l'organisation aux caractéristiques de son environnement. Ceci suppose que, même à des degrés divers, d'une part on puisse identifier ces caractéristiques et, d'autre part, qu'elles aient un minimum de stabilité. Compte tenu de l'évolution des environnements économiques et techniques, c'est de moins en moins le cas. On note ainsi l'apparition de structures qui ne visent plus à s'adapter à quelque chose de connu, d'identifiable et de relativement stable, mais qui intègrent en elles-mêmes l'idée de changement de manière à permettre à l'organisation de se renouveler constamment en développant sa capacité d'adaptation. C'est typiquement le cas des structures en réseau qui, comme le souligne M. Crémadez (1997), n'ont pas pour but d'élaborer une combinaison optimale d'éléments, mais s'efforcent au contraire de définir les bases d'une combinatoire entre leurs unités garante d'une adaptation rapide. L'adoption d'une structure en réseau par une organisation se justifie lorsqu'il faut gérer plusieurs missions (souvent plus de deux), interdépendantes et d'importance équivalente, interdisant qu'elles soient subordonnées les unes aux autres.

Un hôpital, par exemple, est composé de différents services (gastro-entérologie, urologie, gynécologie-obstétrique, pneumologie,...) et pourra chercher à se positionner et à se développer sur plusieurs axes stratégiques : prise en charge de populations spécifiques de patients (mère-enfant, personnes âgées,...), mise en œuvre de technologies (chirurgie, greffe,...), pathologies (cancérologie, endocrinologie,...),... Par l'intermédiaire d'une structure en réseau, le service de gynécologie-obstétrique, associé entre autres aux services d'urologie et de pneumologie, pourra contribuer au développement de la cancérologie sur l'axe stratégique des pathologies, mais également au développement de la prise en charge mère-enfant associé à d'autres services, par exemple à celui de pédiatrie. L'association des différents services permet ainsi des combinaisons multiples favorisant le développement de l'hôpital sur différents axes stratégiques sans que l'un ne soit subordonné aux autres.

Les microstructures

On peut différencier les microstructures selon deux axes :

1. la structure est-elle fondée sur des postes individuels ou sur un collectif de travail ?
2. le degré d'autonomie accordé aux salariés.

En s'appuyant sur la typologie élaborée par Y.F. Livian (1998), on peut distinguer par exemple :

- les postes spécialisés (un opérateur effectue un certain nombre de tâches bien précises à partir d'équipements clairement identifiés et suivant des modes opératoires prédéfinis) et les postes dits enrichis qui, en plus, incorporent des activités amont ou aval (préparation, contrôle qualité,...) et/ ou des activités relevant le niveau de responsabilité des titulaires (auto-organisation, gestion,...) ;
- les groupes traditionnels (des opérateurs, reliés chacun à un poste individuel, sont supervisés par un chef) et les groupes autonomes dans lesquels les activités de planification, d'organisation et de contrôle sont réalisés par les membres du groupe eux-mêmes.

Typologie des microstructures

Structure fondée sur \ Degré autonomie	**Faible autonomie**	**Forte autonomie**
Postes individuels	Postes spécialisés	Postes enrichis
Travail en groupes	Groupes traditionnels	Groupes autonomes

Tableau 1.3.

Une organisation qualifiante est une organisation dynamique qui permet à ses membres d'acquérir de manière constante de nouvelles compétences et qui, par combinaison de ces dernières, permet de résoudre des problèmes différenciés, nouveaux et imprévisibles dont les réponses ne peuvent être formalisées dans des modes opératoires prédéfinis.

Au niveau des microstructures, on peut également constater ces derniers temps une évolution vers des structures qui intègrent en elles-mêmes l'idée de changement : c'est le cas de l'organisation qualifiante chère à Ph. Zarifian (1999). Qu'est-ce qu'une organisation qualifiante ? Pour faire simple, c'est une organisation dynamique qui permet à ses membres d'acquérir de manière constante de nouvelles compétences et qui, par combinaison de ces dernières, permet de résoudre des problèmes différenciés, nouveaux et imprévisibles dont les réponses ne peuvent être formalisées dans des modes opératoires prédéfinis.

Les structures : formelles pour une partie, informelles pour une autre

Macro et microstructures sont en interaction et constituent le sous-système des structures. Mais ce dernier, comme les trois autres sous-systèmes avec lesquels il compose le système organisation, est également en interaction avec les membres de cette dernière. Parce qu'il pré-détermine en particulier leur rôle et leurs relations, il concourt de manière importante à définir leur environnement de travail. De cette interaction naissent également des structures dites informelles tant au niveau macro que micro. L'organigramme, par exemple, ne fournit qu'une image partielle, appauvrie et simplifiée des processus de division du travail et des modes de coordination. En particulier, tous les groupes de travail, commissions, instances diverses, ... en sont habituellement absents bien que l'entreprise fonctionne en grande partie grâce à eux. Même les organisations les plus formalisées et bureaucratiques, si elles inventoriaient quelques-uns de leurs modes de coordination dans des notes de service ou procédures, s'épuiseraient à les recenser tous.

L'organigramme : la partie émergée de l'iceberg

L'organigramme, considéré habituellement comme un simple outil de gestion, relève souvent de la culture d'entreprise et concourt à en exprimer les mythes et la symbolique. Pas d'organigramme publié dans certaines entreprises : nous ne fonctionnons pas comme une administration, pas de temps à perdre, notre dynamisme en tient lieu, nous préférons réussir dans le désordre qu'échouer avec un bel organigramme. D'autres entreprises élaborent régulièrement le « dernier ». On y voit des subtilités graphiques étonnantes : noms en majuscules, en minuscules, soulignés, encadrés, décalés de quelques millimètres en haut ou en bas par rapport aux voisins du même niveau hiérarchique, lignes en traits continus, pointillés, gras ou maigres,... Ailleurs on vous montre l'organigramme en vous prévenant d'entrée qu'il est faux, pas à jour, puis votre interlocuteur se met à le barbouiller de ratures et de traits supplémentaires en tentant vainement de vous décrire l'état des lieux dans sa complexité.

L'organigramme, considéré habituellement comme un simple outil de gestion, relève souvent de la culture d'entreprise et concourt à en exprimer les mythes et la symbolique.

Un organigramme est toujours incomplet pour ne pas dire faux. Les processus de division du travail et les modes de coordination se modifient et s'adaptent à chaque instant. Selon la métaphore bien connue, l'organigramme correspond à la partie émergée de l'iceberg. De plus, il existe des structures informelles, au sens de non officielles, immergées, masquées et ignorées de beaucoup au sein de l'organisation. Elles sont créées sur l'initiative de certains acteurs au fur et à mesure des circonstances. Un tel ne fait pas exactement ce qu'il devrait faire officiellement, un autre dirige de fait bien qu'il n'ait ni le grade ni la fonction pour cela. Les rapports de pouvoir et de dépendance concrets varient derrière les rôles formels d'autorité. Des services font en double ou en triple la même chose sans remplir certaines missions qu'on leur a attribuées.

Les techniques de production et de gestion

Comme elles se dotent de structures, les entreprises mettent en œuvre des techniques pour réaliser leurs buts et atteindre leurs objectifs. Elles sont si nombreuses qu'il serait épuisant, voire pénible, d'en faire un inventaire exhaustif. En s'appuyant sur le modèle systémique proposé par J. Mélèse (1968), on peut cependant décomposer le sous-système des techniques en deux parties :

- les techniques de production qui visent la transformation de ressources matérielles ou immatérielles et conduisent à la création de biens ou de services ;

- les techniques de gestion qui participent au pilotage de l'organisation.

Techniques de production et de gestion ne remplissent pas la même fonction : les premières transforment les inputs en outputs, les secondes pilotent le système

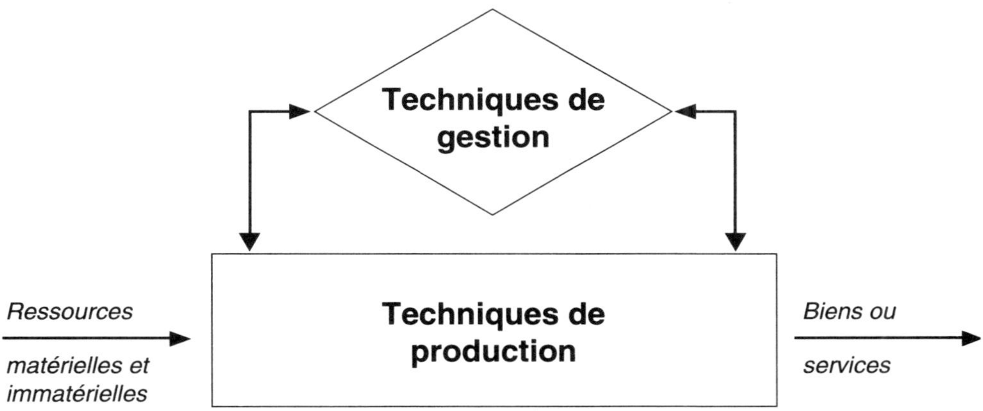

Figure 1.2.

Les techniques de production

Plusieurs dimensions des techniques de production ont un impact particulièrement important sur l'environnement de travail des salariés. Notons entre autres :

- le mode de production (à l'unité, de masse ou en continu) ;
- la technologie des équipements utilisés (mécaniques, automatisés,...) ;
- la méthode de production retenue (pour stock ou à la commande).

Il n'y a pas de déterminisme technique

Les techniques de production interagissent également de manière importante avec les autres sous-systèmes de l'organisation. L'anglaise J. Woodward (1965) a bien montré, dès les années 1950, l'influence du mode de production d'une organisation sur ses structures : par exemple, les entreprises à production unitaire ont en moyenne des structures moins formalisées que les entreprises qui fabriquent en grande série. Mais attention : si les techniques de production sont particulièrement structurantes et pour les autres sous-systèmes de l'organisation et au niveau des situations de travail des salariés, il n'y a pas plus de déterminisme dans le domaine technique que dans d'autres. « On est prisonnier de la technique, il n'y a pas d'autres solutions, c'est la technique qui veut cela, je comprends vos préoccupations sociales mais je ne peux pas faire autrement,... » entend-on souvent dans la bouche des ingénieurs. Les travaux de l'école dite socio-technique (F.E. Emery et E.L. Trist, 1969) ont montré, démontré et re-démontré dans des pages entières que, à technique identique, des entreprises avaient adopté des solutions organisationnelles et sociales très différentes. Le sous-système des techniques de production établit certaines limites pour les autres sous-systèmes. Mais l'inverse est également vrai. De surcroît, l'efficacité de l'organisation dans son ensemble dépend plus de la manière dont les uns répondent aux conditions limitatives des autres que de la qualité intrinsèque de chacun d'eux pris séparément.

Les techniques de gestion

Si on identifie assez facilement l'impact que peuvent avoir les techniques de production (les techniques « hard ») sur les situations de travail, on oublie en revanche souvent de prendre en considération les techniques plus « soft », les techniques de gestion : méthodes de budgétisation, contrôles comptables, gestion de projet, évaluation des postes, mobilité interne, rémunération variable,... ces techniques influencent aussi les comportements au travail. C'est ce qui conduit M. Berry (1983) à les qualifier de technologies invisibles. Contrôler les dépenses *a priori* ou *a posteriori* suscitera selon les cas des comportements très différents. On cite souvent l'exemple de ces managers qui « jouent » avec les dispositions réglementaires. Si on obtient facilement un budget d'investissement de 100 000 francs et qu'on a besoin d'un équipement de 150 000 francs, on s'arrange pour présenter deux demandes inférieures à 100 000 francs représentant chacune une partie de l'équipement désiré.

L'analyse paraît ici évidente. Le processus intervient de la même manière avec les techniques, souvent peu apparentes, de Gestion des Ressources Humaines. Comment choisit-on les futurs promus ? Selon leurs performances, leurs compétences, leur potentiel, d'autres critères plus ou moins objectivés dans les référentiels et les livrets d'évaluation,... ou alors selon la « note de gueule », en plaisant au responsable de service ou en réussissant une action d'éclat quelques jours avant son entretien annuel. « Il te suffit de regarder la liste des derniers promus et tu sauras ce qu'il te reste à faire pour l'être à ton tour ». Il en va souvent de même pour les mutations. Comment obtient-on une mutation à l'usine de Bretagne ? Après un passage au centre de recherche d'Aquitaine ou dans tel ou tel service dit « stratégique » ? Et puis, en fonction de quels autres critères a-t-on choisi X plutôt que Y qui avaient des parcours professionnels identiques ?

Les dirigeants se donnent souvent de faux espoirs en masquant leurs critères de choix

Certaines techniques de GRH ou de contrôle de gestion demeurent occultes et ne sont jamais explicitées. A partir d'informations incomplètes, biaisées ou parfois tout bonnement fausses, obtenues auprès de leurs collègues lors des discussions informelles les plus diverses, les intéressés imaginent dans l'incertitude les techniques qu'appliquent dans les faits leur entreprise. Il s'ensuit parfois de leur part des comportements aberrants pour la direction, car celle-ci ne perçoit pas les enjeux, illusoires à ses yeux, mais tout à fait rationnels du point de vue des salariés. Les dirigeants se donnent souvent de faux espoirs à ce sujet. Ils considèrent que masquer les critères de choix d'une promotion, d'une augmentation, de l'attribution d'un budget,... facilite leur tâche. Certes, cette incertitude entretenue accroît leur pouvoir, mais parfois au prix de comportements où se fourvoient les salariés qui espèrent échapper à cette dépendance en imaginant de faux critères et en déterminant leurs comportements par rapport à eux.

CHAPITRE 2

La culture : premier pas vers le système social

LA CULTURE a longtemps été absente des représentations systémiques de l'organisation. Depuis deux bonnes décennies, elle apparaît cependant dans tous les modèles. M. Crozier (1989) fait même du gouvernement par la culture une des caractéristiques principales des entreprises postindustrielles. Il faut sans doute y voir le signe d'une nécessité plus grande pour le management d'appréhender l'organisation aussi comme un système social. Le recours à cette notion dans et par l'action nécessite cependant d'apporter des éléments de réponse à des questions du type : Quelles sont les origines de la notion de culture ? Pourquoi pénètre-t-elle le monde du management ? Qu'entend-on par culture d'entreprise, deux termes qui mis côte à côte ont longtemps détonné ? Comment mettre en évidence la culture d'une entreprise ?

De la culture à la culture d'entreprise

La notion de culture est issue de l'ethnologie. Elle vise à caractériser la civilisation de groupes sociaux isolés constituant des sociétés globales en modèle réduit. Vivre dans une société humaine, c'est en effet se soumettre à tout un ensemble de règles de conduite qui imposent ce qu'on doit dire ou faire, ne pas dire ou ne pas faire face à telle ou telle situation. Cela va de situations anodines et quotidiennes (comment saluer lors d'une rencontre) aux situations exceptionnelles (naissance, mariage, deuil,...). Cette notion de culture s'oppose à celle de nature, toutes deux alimentant le débat philosophique sur les parts respectives du naturel ou du culturel présent dans une société ou à l'origine d'un comportement.

La notion de culture est issue de l'ethnologie. Elle vise à caractériser la civilisation de groupes sociaux isolés.

Pour importante et attirante qu'elle soit, la notion de culture n'en reste pas moins floue. A.C. Kroeber et C. Kluckhohm

(1952) ont dénombré 164 définitions différentes du concept de culture dans la littérature ethnologique et anthropologique. La culture semble être de ces mots valises, c'est-à-dire suffisamment larges pour être utilisés de multiples manières. S'il est vain de chercher à faire une synthèse de ces différentes définitions, il semble cependant que toutes insistent sur un certain nombre de points particuliers :

- une culture apporte des modèles, des normes de conduite, des styles de vie et des solutions à des problèmes ;
- une culture est le plus souvent implicite ;
- une culture est partagée par tout ou partie d'un groupe ;
- une culture résulte d'une histoire et se transmet dans le temps ;
- à une culture correspondent des manifestations symboliques (rites, mythes, tabous,...).

Les entreprises aussi génèrent leur propre culture

Au même titre que les micro-sociétés « archaïques » étudiées par les ethnologues, les entreprises, du fait de leur réalité humaine, sociale et historique, génèrent leur propre culture. Chacun a plus ou moins consciemment fait l'expérience du fait culturel dans son entreprise. « Comment fait-on ici pour... ? » Une partie de la réponse relève du domaine culturel. Comment s'habille-t-on dans le service où je suis nommé ? Classique, à la dernière mode ou cela n'a pas d'importance ? Est-il de bon ton de laisser la porte de son bureau ouverte ou plutôt de la fermer soigneusement ? Comment s'adresse-t-on à son responsable hiérarchique et à ses collègues ? Tutoiement ou vouvoiement ? À partir de quel grade a-t-on droit à des fauteuils en cuir, une place de parking, une moquette,... ? Quel ton, quel style et quelle présentation faut-il adopter pour rédiger une note demandée par la Direction Générale ?

On pourrait continuer cette liste de questions sur plusieurs pages sans épuiser le sujet. La culture d'une entreprise s'exprime dans et par une multitude de signes et de détails. Elle finit par tellement s'intérioriser qu'on s'y soumet, l'utilise ou qu'on en joue sans même s'en rendre compte. Lorsqu'un cadre fait toute une histoire parce qu'on lui attribue un bureau qui ne lui convient pas ou une place de parking incommode, on s'étonne de toute l'énergie et du temps qu'il consacre à se faire assigner un autre bureau ou à faire permuter sa place de parking. À cette occasion, personne ne parlera de culture d'entreprise pour expliquer ces incidents. On dira plutôt qu'il est susceptible, prétentieux ou encore faiseur d'histoires. En fait, il s'agit bien souvent d'une question de culture. L'intéressé ressent que le bureau qu'on lui propose ne « colle » pas avec son niveau hiérarchique. Si on le traite ainsi, cela est lourd de signification et pour sa carrière et pour son avenir au sein de l'entreprise. S'il ne réagissait pas, ses collègues ne manqueraient d'ailleurs pas de faire des remarques acides du type : il n'est plus en odeur de sainteté, sa promotion est bidon,...

La culture d'une entreprise s'exprime dans et par une multitude de signes et de détails. Elle finit par tellement s'intérioriser qu'on s'y soumet, l'utilise ou qu'on en joue sans même s'en rendre compte.

On peut se moquer de ces réactions, les trouver dérisoires ou déplacées. On oublie alors qu'elles font partie de la culture d'entreprise et en traduisent la réalité et l'importance. Remarquer que dans une autre entreprise, on n'attache pas d'importance à ces détails ne fait que confirmer le phénomène. Justement, à quels détails attache-t-on de l'importance dans cette autre entreprise ? À la manière de s'habiller, aux titres dans l'organigramme, au vocabulaire employé,... Ces manifestations de la culture d'entreprise peuvent paraître superficielles. Chacun les constate même s'il ne les attribue pas à leur cause réelle. Mais la culture concerne bien d'autres aspects de l'entreprise. Elle conditionne la majeure partie des décisions prises en son sein, des plus opérationnelles aux plus stratégiques. Des entreprises, chacun en connaît, ont rencontré des difficultés importantes par inadéquation de leur culture avec les exigences de leur environnement.

Pourquoi la notion de culture intéresse-t-elle le management ?

C. Barnard (1938) fait référence à la notion de culture d'entreprise dès les années 1930. Il confère à l'entreprise une « personnalité » propre et fait des dirigeants les dépositaires de ses valeurs. Après quoi, à quelques exceptions près, la notion de culture d'entreprise est tombée dans les oubliettes de la littérature managériale pendant environ cinquante ans. Elle réapparaît avec force au début des années 1980 pour faire l'objet d'une véritable mode initiée par quelques ouvrages à succès dont celui, aussi célèbre qu'éphémère, de T.J. Peters et R.H. Waterman (1982) sur l'excellence. Pendant une décennie, bon nombre d'entreprises vont se préoccuper de leur culture souvent en cherchant à la renforcer ou à la modifier. Les consultants surfent sur la vague des projets d'entreprise. Depuis, la mode s'essouffle, même si le sujet semble retrouver une certaine actualité, en particulier dans le cadre des mouvements de rapprochement d'entreprises. On parle alors de choc des cultures.

Les entreprises ont toujours eu une culture

Si la notion de culture entre dans le monde du management au début des années 1980, ce n'est pas parce qu'auparavant les entreprises n'avaient pas de culture, mais parce que, compte tenu de l'évolution des règles du jeu concurrentiel, la culture devient à ce moment-là une variable pertinente pour le management. Pourquoi ? Il y a au moins trois grandes catégories de raisons différentes mais complémentaires.

Avec la mondialisation de l'économie et des échanges entre pays, les techniques de gestion et de production se banalisent. Les entreprises des quatre coins de la planète ont recourt à des techniques de plus en plus semblables. Elles apparaissent dans un pays particulier (aux États-Unis, au Japon,...), mais sont rapidement copiées pour ensuite se généraliser. Extraites trop rapidement du contexte culturel dans lequel elles ont été élaborées, cela donne quelques ratés, à l'instar des cercles de qualité en France. Il en va de même des structures et des objectifs, autres sous-systèmes du système organisation. La culture, par définition propre à l'entreprise, parce que résultant de son histoire, est la dernière des sources réelles de différenciation. Dans un contexte concurrentiel mondialisé, les entreprises puisent dans leur culture pour se différencier de leurs principaux concurrents.

Dans le contexte de concurrence dynamique et globale actuelle, la capacité d'adaptation rapide aux changements de l'environnement compte davantage que le choix d'un positionnement « gagnant » sur le marché. Les entreprises cherchent ainsi à gagner en souplesse en abandonnant leur organisation parcellisée et verticale au profit de structures plus horizontales. Les procédures et les règles deviennent alors plus souvent synonymes de lourdeur et de rigidité que de bonne intégration. Les entreprises voient alors dans leur culture, génératrice de cohésion à travers le partage de valeurs, un nouveau mode de coordination plus souple que les anciens. Comme nous le soulignions plus haut, une des caractéristiques des entreprises postindustrielles serait, selon M. Crozier, en plus de la simplicité de leurs structures et de la plus grande autonomie reconnue à leurs salariés, le gouvernement par la culture. Une forte culture d'entreprise serait un moyen privilégié d'obtenir le niveau requis de coopération entre des salariés appartenant à des entités différentes dans des structures aussi horizontales que verticales.

On rencontre la culture quand il faut en changer

Dans la période marquée par la fin des Trente Glorieuses, les entreprises évoluaient et avaient à conduire des changements. Mais ces derniers concernaient une des composantes de l'organisation, jamais le système lui-même. Ces changements, que l'on peut rétrospectivement qualifier d'incrémentaux, s'inscrivaient toujours à l'intérieur d'une même logique, celle du volume et de la productivité. Par leur vertu stabilisatrice, ils ont fini par façonner notre vision du monde. Dans le contexte concurrentiel actuel, certains changements continuent à s'inscrire à l'intérieur de cette logique mais d'autres, plus radicaux, visent la logique du système elle-même. Pourquoi ? Parce que, au moment où on passe d'une société industrielle à une société postindustrielle, que certains nomment également société de l'information, les transformations que les entreprises ont à conduire pour s'adapter aux nouvelles caractéristiques de leurs environnements exigent de plus en plus qu'elles changent de logique.

Les transformations que les entreprises ont à conduire pour s'adapter aux nouvelles caractéristiques de leurs environnements exigent de plus en plus qu'elles changent de logique.

Les changements de logique peuvent concerner toutes leurs fonctions. Par exemple, certaines entreprises passent :

- d'une logique de l'usager à une logique du client dans le domaine commercial ;
- d'une logique de la productivité à une logique de la qualité et/ou de la flexibilité dans le domaine de la production ;
- d'une logique du statut à une logique de la fonction ou encore d'une logique de postes à une logique de compétences dans le domaine de la Gestion des Ressources Humaines ;
- etc.

Or, comme le soulignent P. Watzlawick et ses collaborateurs du Mental Research Institute de Palo Alto (1973), changements « incrémentaux » et changements de logique ne sont fondamentalement pas de même nature. Celui qui prend place à l'intérieur du système résulte d'un déplacement par rapport à une norme de référence.

C'est typiquement le cas du cycliste qui doit effectuer de légers mouvements de part et d'autre de son guidon pour garder l'équilibre ou celui du thermostat qui régule la température en fonction des variations chaud/froid.

En revanche, le changement de logique consiste à modifier la norme elle-même. Le changement à l'intérieur du système s'apparente à l'action de l'accélérateur de la voiture qui permet d'aller plus vite tout en conservant le même régime. Le changement de logique, quant à lui, correspond au changement de vitesse qui, en modifiant le régime de la voiture, la fait passer à un niveau de puissance supérieur.

Quand on parle de culture, c'est souvent parce qu'il faut en changer. Tant qu'on change de manière incrémentale à l'intérieur de la culture existante on ne la voit pas. Quand il faut en changer, on s'y cogne toute la journée comme à des vitres placées à de mauvais endroits contre lesquelles on se casse le nez.

Changer de logique nécessite de changer de culture. Pourquoi ? D'une part, parce que dans l'entreprise, les problèmes sont perçus et les solutions appréhendées à l'intérieur des « frontières cognitives » que constitue la culture d'entreprise. Or, pour changer de logique, il faut pouvoir voir le monde autrement, c'est-à-dire changer de lunettes. D'autre part, parce que la culture est, en tant que telle, un des sous-systèmes de l'organisation. Au même titre que les autres, elle doit changer pour que le système change. Quand on parle de culture, c'est souvent parce qu'il faut en changer. Tant qu'on change de manière incrémentale à l'intérieur de la culture existante on ne la voit pas. Quand il faut en changer, on s'y cogne toute la journée comme à des vitres placées à de mauvais endroits contre lesquelles on se casse le nez.

De la culture d'entreprise aux cultures

La dimension culturelle est présente dans les entreprises au-delà de leur culture propre. En effet, la culture d'entreprise coexiste au sein de chaque entreprise avec un ensemble de sous-cultures socioprofessionnelles ou fonctionnelles. Cadres, ouvriers, agents de maîtrise,... partagent un certain nombre de valeurs communes, mais également des valeurs spécifiques à leur catégorie d'appartenance. C'est la même chose au niveau des différentes fonctions : développement, production, ventes,... produisent également des sous-cultures. Les valeurs véhiculées par ces dernières peuvent être cohérentes pour une partie, mais également conflictuelles pour une autre, avec la culture d'entreprise. On assistera parfois, notamment au moment de changements importants, à des luttes de rationalité, chacun des acteurs parties prenantes tentant d'imposer ses propres valeurs aux autres. Les enjeux de pouvoir concernent aussi, et souvent surtout, des valeurs c'est-à-dire des manières de voir le monde ou de se comporter face à un problème particulier.

L'environnement de l'entreprise comporte également une dimension culturelle : une ou plusieurs cultures nationales, une ou plusieurs cultures sectorielles en fonction des caractéristiques structurelles et géographiques de l'entreprise. Les entreprises d'un même pays ou d'une même branche d'activité ont des caractéristiques culturelles communes. La culture d'une entreprise n'est cependant jamais complétement déterminée ni par son environnement national ni par son environnement économique. Les entreprises souscrivent à certaines valeurs dominantes de leur environnement, sans que cela empêche des variations importantes entre la culture d'entreprises soumises à des conditions environnementales similaires.

La culture d'entreprise est en interaction avec des sous-cultures au sein de l'entreprise d'une part, la culture du pays et du secteur de l'entreprise d'autre part

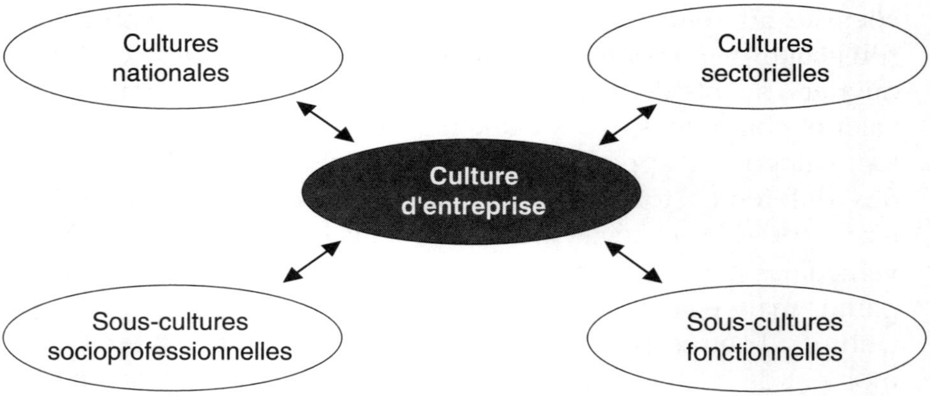

Figure 2.1.

Le cas de certaines multinationales montre que leur culture peut l'emporter sur les effets des cultures nationales. Il y a quelques années déjà une enquête approfondie, menée par deux chercheurs de la Harvard Business School (D. Sirota et J.M. Greenwood, 1981), mettait en évidence que travailler pour IBM amenait à partager une culture commune très prégnante. Les différences de réaction entre un Américain, un Mexicain, un Français, un Anglais, un Hindou,… venaient plus de leur activité et de leur fonction au sein d'IBM que de leur origine nationale. Deux vendeurs IBM, qu'ils soient Américains ou Français par exemple, avaient des réactions plus proches quant à leurs relations avec le travail, ce qu'ils en attendaient, l'image de l'entreprise et de la hiérarchie,… que deux Américains d'IBM, l'un vendeur et l'autre chercheur. Quant aux Français et aux Scandinaves d'IBM, ils différaient sensiblement de la moyenne des cadres de leur pays respectif du fait de leur adhésion à la culture de la multinationale.

Les caractéristiques d'une culture d'entreprise

Qu'est-ce que la culture d'entreprise ? C'est un ensemble de valeurs, croyances et normes de comportement :

- évidentes pour et partagées par les membres de l'entreprise ;
- qui se manifestent par des productions symboliques, des langages et des idéologies ;
- en interaction les unes avec les autres ;
- et construites tout au long de l'histoire de l'entreprise en réponse aux problèmes rencontrés.

Examinons chacun des étages de cette définition. La culture se vit plus qu'elle ne s'explique. Nous expliciterons ainsi les principales caractéristiques de la culture d'entreprise à partir d'un exemple.

La culture trouve son origine dans l'histoire de l'entreprise et se manifeste par des productions symboliques

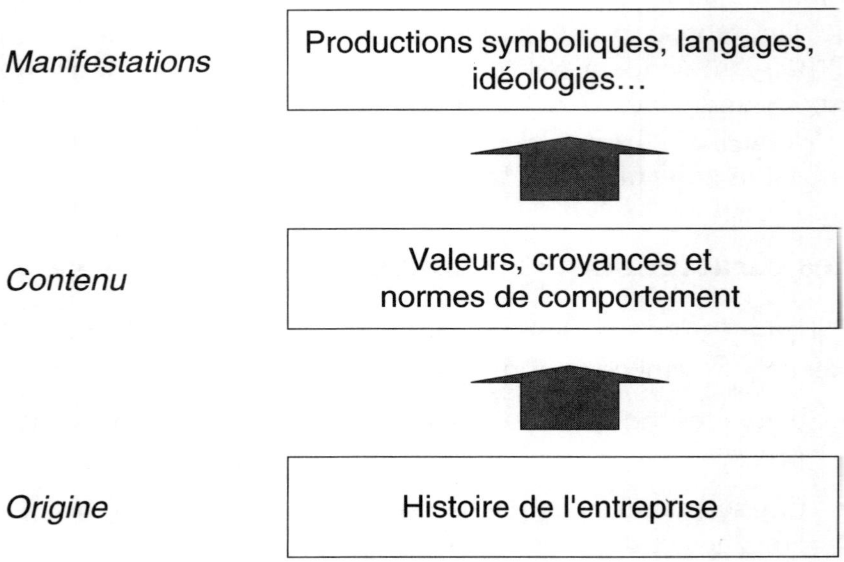

Figure 2.2.

La Société de Télécommunications

En 1925, Monsieur Bertrand fonde la société LR (Laboratoire de Radioguidage) qui développe des systèmes de radioguidage dont la majeure partie des applications se trouve dans le domaine militaire. Au départ, la société LR développe ses produits et les fait fabriquer par un sous-traitant qu'elle absorbe quelques années après sa création. Elle devient, comme aime à le souligner Monsieur Bertrand, une « société de plein exercice », c'est-à-dire une société qui fabrique et vend ce qu'elle développe. En 1940, une grande multinationale nord-européenne prend une participation financière et passe un accord d'assistance technique avec la société LR, avant d'en prendre le contrôle total quelques années plus tard.

En 1950, la société LR change de dénomination sociale et devient la Société de Télécommunications (ST). Depuis sa création, l'entreprise s'est diversifiée. Elle développe, fabrique et commercialise des équipements et des systèmes de télécommunications autour de deux technologies clés : la radio et la transmission de données.

Historiquement très implantée sur les marchés publics (opérateurs de télécommunications en France et à l'étranger, Délégation Générale à l'Armement,...), elle réalise quand même aujourd'hui 20 % de son chiffre d'affaires avec des clients privés, grandes entreprises françaises et étrangères. La ST réalise aujourd'hui un chiffre d'affaires de près de 2 milliards de francs et compte environ 2 000 salariés. Dans les secteurs de la radio et de la transmission de données, elle fait figure de « tout petit ». Elle a en effet deux principaux concurrents dont le chiffre d'affaires est entre deux et trois fois plus important que le sien. La ST développe alors un ensemble de stratégies de « niche », avec comme avantages concurrentiels son innovation technologique et sa capacité à faire du « sur-mesure ».

La culture d'entreprise est composée d'évidences

La culture d'entreprise est composée de valeurs (ce qui est bien/ce qui est mal), de croyances (ce qui est vrai/ce qui est faux) et de normes de comportement, c'est-à-dire les règles qui régissent la conduite des individus au sein de l'organisation, qui ont toutes une caractéristique commune : elles se justifient peu. Elles sont évidentes et considérées comme des acquis que l'on ne remet pas en cause. On finit par les oublier, ne plus les voir et on n'a souvent pas idée de les discuter.

La Société de Télécommunications (ST) a une culture très technique qui se traduit entre autres par des évidences du type : « la technique, c'est notre plus grande force », « il faut avoir les produits les plus performants techniquement » ou encore « l'innovation vient de la technique ».

Ces évidences, que l'on finit par oublier et ne plus voir, ne se laissent pas repérer facilement. Comment faire pour les connaître ? Quand un ingénieur des labos déclare dans une réunion que le produit X que l'entreprise est en train de développer doit posséder les caractéristiques techniques les plus performantes, demandez lui pourquoi ? Si votre question ne trouve pas de réponse ou s'il vous répond « c'est évident, vous êtes idiot ou quoi » ou encore « on a toujours fait comme ça », vous avez sans doute repéré une évidence qui compose la culture d'entreprise. Elles sont des manières de faire ou de percevoir le monde dont on a oublié le pourquoi. Elles permettent ainsi de gagner du temps et de ne pas s'interroger constamment sur le pourquoi du comment de nos comportements et décisions quotidiennes.

La culture d'entreprise est composée de valeurs (ce qui est bien/ce qui est mal), de croyances (ce qui est vrai/ce qui est faux) et de normes de comportement, c'est-à-dire les règles qui régissent la conduite des individus au sein de l'organisation, qui ont toutes une caractéristique commune : elles se justifient peu. Elles sont évidentes et considérées comme des acquis que l'on ne remet pas en cause.

Symboles, mythes, langages, idéologies,... : des manifestations de la culture

Les comportements et les décisions ne sont pas les seules illustrations de la culture d'entreprise. Les évidences se manifestent aussi à travers des productions symboliques (symboles, codes, rites, mythes,...), des langages ou des idéologies.

Les salariés de la ST s'habillent sobrement : « passer inaperçus » ou « pour vivre heureux, vivons cachés » sont certaines des évidences sous-jacentes à cette manière de se comporter. Un jour, un jeune fraîchement embauché arrive avec une veste rouge. Il ne l'a mise qu'une journée, la première. Personne ne lui a rien dit, mais tout le monde se retournait en le croisant dans les couloirs. Son comportement n'était pas cohérent avec une des évidences de la culture. Cette dernière s'apprend et se transmet, souvent sans que nous nous en rendions compte.

Le directeur de la communication de la ST, quant à lui, change tous les jours de couleur de veste : jaune le lundi, verte le mardi,... Il transgresse les règles. Mais comment faire son métier de directeur de la communication dans une entreprise où pour vivre heureux, il faut vivre caché ? La communication est chose bien peu sérieuse, beaucoup de membres de la ST en conviennent, surtout dans une entreprise de (télé)communications. Le directeur de la communication est un déviant. Il refuse de se soumettre à la culture, cherche à la faire évoluer ou, à tout le moins, d'exercer son métier malgré elle.

Les évidences sont partagées

Quand on parle de culture, on cherche à mettre l'accent sur ce qu'il y a de commun aux membres d'une entreprise. Mais attention, cette caractéristique de la culture d'entreprise a été la cause de beaucoup de malentendus. Des évidences partagées, cela ne veut pas dire que tout le monde entre en religion avec l'entreprise. Nous ne sommes pas esclaves de la culture de notre entreprise. L'adhésion des membres de l'entreprise à la culture peut être plus ou moins forte. Certains croient aux mythes et aux idéologies, d'autres plus ou moins. Certains en acceptent les valeurs, mais ne conçoivent pas qu'on puisse s'y soumettre. D'autres s'y soumettent sans illusion, sans « y croire », par pure tactique. Mais, même si les évidences sont partagées de manière différente, elles s'imposent comme des données contextuelles. Le plus souvent, il n'est pas raisonnable ou trop coûteux de les discuter. Il faut faire avec.

Dès sa fondation, la Société de Télécommunications (ST) adopte une structure fonctionnelle et une organisation très centralisée. Les labos sont un « État dans l'État ». Le développement et la stratégie de l'entreprise peuvent se comprendre dans la nature de leurs relations avec les services techniques de quelques clients importants. Cette structure fonctionnelle est remise en cause au début des années 1990 au profit d'une structure divisionnelle pour rapprocher la capacité d'innovation de la ST des opportunités du marché et améliorer sa compétitivité internationale. La mise en place de la structure divisionnelle se traduit par l'apparition d'une nouvelle fonction : le marketing. Au cœur des décisions de développement de nouveaux produits, il lui revient d'analyser les marchés, de détecter des besoins et, ensuite seulement, de « passer commande » aux labos pour faire développer les produits. Le marketing n'a pas encore acquis une complète légitimité au sein de l'entreprise. Il est très controversé, notamment par les labos. Comment faire du marketing, notamment développer des produits en réponse à un besoin identifié sur le marché, dans une entreprise dont la culture véhicule des évidences comme « il faut avoir les produits les plus performants techniquement » et « l'innovation vient de la technique » ?

En matière de développement de nouveaux produits, on attribue le pouvoir formel au marketing, mais la culture, elle, continue à jouer en faveur des labos. Ainsi, le développement des nouveaux produits ne se déroule pas de manière tout à fait conforme à la procédure. Le plus souvent, les labos commencent un développement sur la base d'une idée technique, seule source légitime d'innovation à la ST et vont ensuite le présenter au marketing en lui posant la question suivante : Y a-t-il un marché pour ce produit ? Le marketing, peu capable de réellement anticiper les besoins du marché, ne peut le plus souvent pas faire autrement que d'examiner la proposition des labos. Il négocie avec eux non pas les fonctionnalités du produit proposé, mais ses coûts et surtout son délai de développement. Une même évidence peut ainsi représenter la meilleure solution pour certains ; la moins mauvaise pour d'autres. Mais, tant qu'elle n'a pas évolué ou disparu, elle s'impose à tous.

Des évidences aux traits culturels

Les évidences qui composent la culture d'une entreprise sont innombrables. Elles sont partout. Nous n'aurions pas assez d'une vie pour en faire le tour. Les identifier exhaustivement est impossible. En revanche, on peut empiriquement remarquer qu'elles sont en interaction les unes avec les autres. Plus encore, certaines sont liées les unes aux autres par une même logique. Sans pour autant les avoir identifiées exhaustivement, on peut alors regrouper les évidences repérées en grandes catégories. Ces dernières constituent les traits culturels d'une entreprise formant un « paradigme » à la manière des « patterns of culture » de l'ethnologue R. Benedict (1934).

Les traits culturels, qui forment un paradigme, regroupent les évidences liées les unes aux autres par une même logique

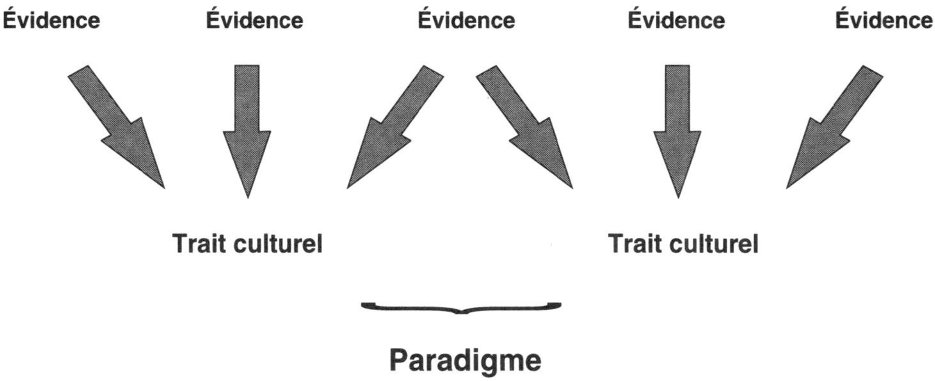

Figure 2.3.

Quatre traits culturels permettent de caractériser la culture de la Société de Télécommunications.

Le premier, l'**innovation technologique**, rassemble des évidences auxquelles nous avons déjà fait allusion : « la technique, c'est notre plus grande force », « avoir les produits les plus performants techniquement », « l'innovation vient de la technique »,...

Le deuxième concerne la manière dont l'entreprise se représente et appréhende son **environnement** : un ensemble de menaces dont il faut se protéger. Il rassemble des évidences comme :

- « aller là où les concurrents ne vont pas » qui oriente le choix des stratégies de niche (fuir les concurrents, ne pas les affronter de face,...) ;
- « avoir les opérateurs comme clients » plutôt que de petits et multiples clients privés : quand la Société de Télécommunications développe un nouveau produit, elle commence toujours par le faire pour un opérateur en particulier, en cherchant à se faire financer pour partie son développement par l'intermédiaire de marchés d'études. Les opérateurs sont des pères protecteurs. On cherche leur protection, on ne fait pas de choix technologiques non conformes à la « ligne du parti » et surtout, il faut les satisfaire et ne pas les décevoir ;
- « pour vivre heureux, vivons cachés » qui, comme nous l'avons déjà évoqué, intervient dans la manière de se comporter à l'intérieur de l'entreprise, mais également dans la communication externe : confidentialité, non-transparence et surtout absence de communication sont, par exemple, des règles instituées tant vis-à-vis des clients que de l'actionnaire.

Le troisième trait culturel concerne la **croissance du chiffre d'affaires** qui rassemble des évidences du type « assurer la rentabilité par la croissance du CA », « tant que le CA croît, tout va bien », « allouer les ressources en fonction du CA »,... Pour générer du profit ou avoir un fonctionnement économique sain, il faut faire croître le CA. Voilà la principale recette économique de la Société de Télécommunications. Cela se traduit, entre autres, par le fait que le ratio CA/Personne est le premier, et pratiquement l'unique, ratio observé, analysé, décortiqué dans les tableaux de bord, et ce à tous les niveaux hiérarchiques.

Le dernier trait culturel rassemble des évidences qui concernent toutes la **représentation de l'individu** : les qualités dont il doit faire preuve pour réussir à la Société de Télécommunications, la manière dont il doit se comporter,... Mais ces évidences, contrairement à celles rassemblées dans les autres traits culturels, sont pour partie incohérentes entre elles. Certaines relèvent du modèle organisationnel dit organique (l'organisation est conçue et structurée à partir et autour des individus de manière à tirer le plus grand parti possible de leurs ressources) : expertise technique, prise d'initiative, autonomie, solidarité,... D'autres, en revanche, relèvent davantage du modèle dit mécanique (l'individu doit rentrer dans le moule de l'organisation) : respecter les règles et la hiérarchie, passer inaperçu, ne pas faire de vague,... Pour résoudre ce paradoxe, un mythe structure les comportements légitimes : le mythe du bon élève. Pour réussir à la Société de Télécommunications, il faut être un bon élève. Il y a trois manières de l'être :

- l'élève modèle du premier rang, celui à qui le professeur demande d'aller effacer le tableau ;
- le chahuteur très doué du dernier rang, près du radiateur ;
- le bon élève du troisième ou quatrième rang, celui qui passe inaperçu, mais qui fait remarquer la faute au tableau.

Les évidences se construisent tout au long de l'histoire de l'entreprise en réponse aux problèmes rencontrés

Comment une valeur, croyance,... devient-elle une évidence ? E.H. Schein (1984), professeur au MIT, analyse le processus de création des évidences à partir d'un mécanisme dit « mécanisme du succès ». Ce dernier se décompose en plusieurs phases distinctes et successives. Face à un problème à résoudre, les acteurs parties prenantes recherchent un ensemble de solutions envisageables, sélectionnent les solutions possibles puis, parmi ces dernières, retiennent une solution à partir d'un ou plusieurs critères de choix. La solution retenue est sous-tendue, fut-ce implicitement, par une représentation partielle et « subjective »

Le mécanisme du succès : processus de création des évidences

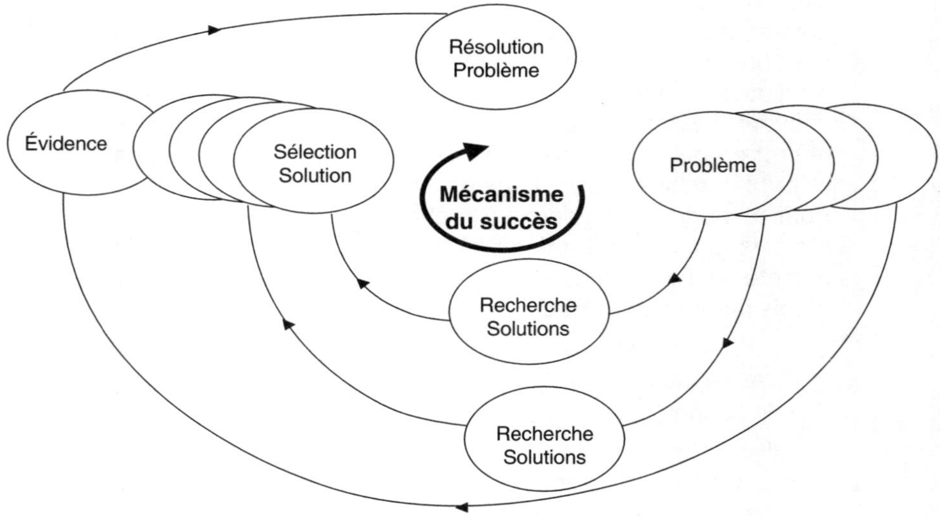

Figure 2.4.

de la réalité. Si elle conduit aux résultats escomptés et si son efficacité est confirmée par l'expérience, les individus concernés par le problème à résoudre détournent progressivement leur attention des causes du problème pour ne plus se concentrer que sur les effets de leur choix. Au fil du temps, confronté à des problèmes de nature similaire, ce mécanisme reconduit et (re)couronné de succès, la représentation sous-jacente à la solution retenue devient une évidence, prise pour argent comptant, qui oriente les critères de choix et les comportements, le plus souvent sans que les individus concernés en aient conscience. Le succès répété d'une solution particulière, face à un problème ou un ensemble de problèmes similaires, est une condition nécessaire à la création des évidences. Ces dernières trouvent ainsi leur source dans l'histoire de l'entreprise.

Au départ, la société Laboratoire de Radiologie (LR) développe ses produits et les fait fabriquer par un sous-traitant qu'elle absorbe quelques années après sa création. Elle s'apparente plus à un laboratoire de développement qu'à une entreprise industrielle à part entière. L'origine des évidences regroupées dans le trait culturel « innovation technologique » remonte, selon toute vraisemblance, à la fondation de l'entreprise. Par la suite, la Société de télécommunications n'a recruté pratiquement que des ingénieurs : en 1994, 80 % des cadres étaient ingénieurs. On en trouve dans les bureaux d'études, évidemment, mais aussi dans les fonctions marketing, logistique, contrôle de gestion,... et même de gestion des ressources humaines. La population des ingénieurs est plus encline que d'autres à adhérer puis à transmettre des évidences liées à l'innovation technologique. Le type et la nature des recrutements sont un élément parmi d'autres ayant favorisé la consolidation et la pérennisation de ces évidences.

La Société de Télécommunications (ST) est historiquement très implantée sur des marchés publics, notamment militaires, où la notion de préférence nationale est importante. Or, depuis 1940, son actionnaire est étranger. Elle a ainsi un dilemme à résoudre : vendre et se développer sur des marchés à préférence nationale alors même que son actionnaire est étranger. Des menaces dont il faut se protéger. La Société de Télécommunications est de surcroît de petite taille : ses principaux concurrents sont entre deux et trois fois plus gros qu'elle. Autre source de menaces.

Pendant de nombreuses années, la relation économique avec les opérateurs et autres clients de l'armement est simple. Dans une sorte de fuite en avant technologique, les clients cherchent principalement des produits techniquement innovants (il faut reconstruire le système national de télécommunications : on part du « 22 à Asnières » cher à F. Raynaud pour aboutir aujourd'hui à l'un des systèmes les plus performants du monde). Le prix n'est pas discriminant. Quand le client est décidé à acheter un produit, d'abord il cofinance souvent son développement et, ensuite, pour faire simple, il achète sur la base des coûts. Le prix de vente est déterminé par les coûts de revient auxquels est ajoutée une marge : il faut bien vivre. A la Société de Télécommunications, quelques mauvaises langues disent même que plus ses coûts sont importants plus elle gagne d'argent, ce qui n'est pas complètement faux. Dans un raisonnement économique de cette nature, la variable clé est bien le chiffre d'affaires. Tant que le CA croît, tout va bien. Sur les marchés privés, le raisonnement est inverse. Les prix de vente sont fixés par le marché. D'où sans doute les difficultés rencontrées par la Société de Télécommunications à se développer davantage sur les marchés privés, malgré son avantage concurrentiel en matière de technologie.

L'environnement de la Société de Télécommunications présente deux caractéristiques opposées. D'une part, les technologies sont complexes et évoluent rapidement. De ce point de vue-là, il est turbulent et complexe. D'autre part, il est relativement simple et stable : peu de clients et de concurrents. Les positions des uns et des autres changent peu d'une année sur l'autre. A la Société de Télécommunications, on calcule la taille du marché en agrégeant le chiffre d'affaires de chacun des concurrents. Règles et procédures administratives régissent en outre les relations avec les clients. On retrouve bien dans ces deux aspects paradoxaux de l'environnement des caractéristiques proches de celles qui structurent les comportements légitimes au sein de la Société de Télécommunications relevant à la fois des modèles mécanique et organique.

Les traits culturels de la Société de Télécommunications, quelques-unes de leurs manifestations symboliques et leur origine historique

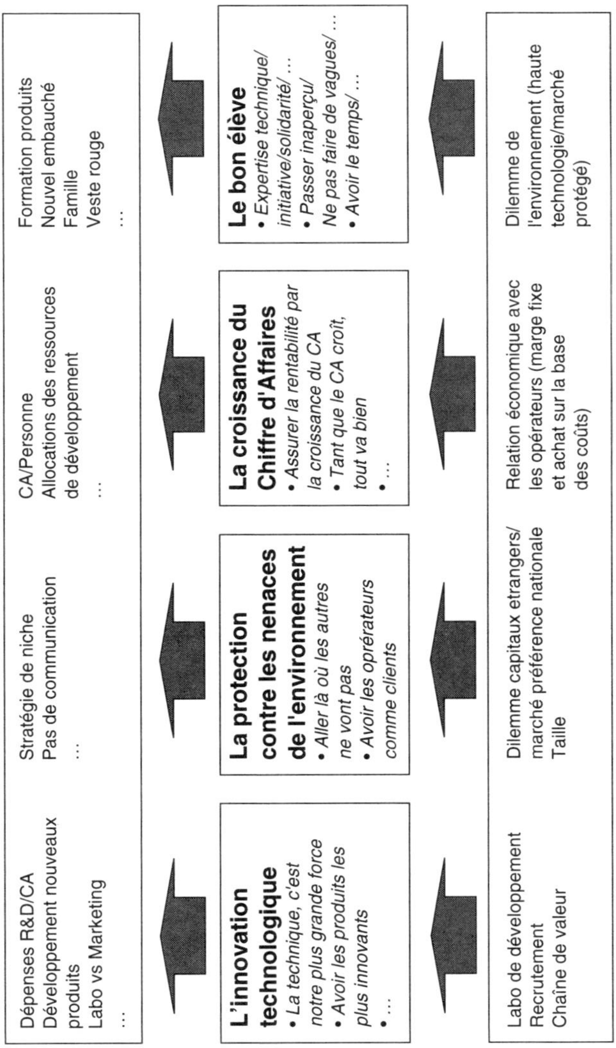

Figure 2.5.

Comment mettre en évidence la culture d'une entreprise ?

Les valeurs figurant dans un projet ou dans une charte d'entreprise relèvent souvent plus d'une idéologie proclamée que de la culture proprement dite. Elles témoignent de ce que les salariés devraient croire pour que l'entreprise soit performante plutôt que de ce qu'ils croient réellement. A ce propos, C. Argyris et D.A Schön (1978) font une distinction intéressante entre les valeurs opérantes, celles qui composent la culture et qui interviennent dans les comportements quotidiens, et les valeurs déclarées qui, elles, relèvent du discours et sont plus les valeurs de la direction générale que les valeurs de l'entreprise, c'est-à-dire celles partagées par la majeure partie de ses membres. Les valeurs déclarées, qui relèvent de l'idéologie, sont au mieux une illustration des valeurs opérantes.

Les valeurs opérantes composent la culture alors que les valeurs déclarées relèvent du discours

CULTURE	IDÉOLOGIE
• L'innovation technologique	• Satisfaire pleinement nos clients • Introduire Qualité et Excellence dans toutes les actions
• La croissance du CA	• Tirer le meilleur parti de notre capital investi
• Le bon élève	• Considérer nos collaborateurs comme notre principale ressource • Encourager l'esprit d'entreprise à tous les niveaux
• L'environnement : un ensemble de menaces	

Tableau 2.1.

Connaître la culture d'une entreprise n'est pas chose aisée. Repérer des évidences suppose à la fois de les vivre et d'être capable de s'extraire du quotidien pour percevoir justement ce qu'on ne perçoit plus. Ceci nécessite un rapport de proximité à l'entreprise et, en même temps, une capacité à prendre du recul pour pouvoir l'observer. Ce double mouvement a inspiré aux ethnologues la méthode de l'observation participante. Connaître la culture d'une société « archaïque » suppose d'une part, d'y participer, d'y avoir une place et d'y tenir une fonction reconnue et, d'autre part, de sortir de son rôle pour observer son fonctionnement.

Une méthode en quatre temps pour mettre en évidence la culture

La définition que nous proposons de la culture d'entreprise inspire une méthode en quatre temps pour la mettre en évidence :

1. Repérer des valeurs, croyances et normes de comportement à travers leurs manifestations symboliques, les langages ou les idéologies ; ces illustrations, parce qu'elles s'observent directement, sont des voies d'accès privilégiées au contenu de la culture qui, lui, n'est pas directement accessible.
2. Vérifier que les valeurs, croyances et normes de comportement repérées sont bien des évidences ; dans les situations où elles interviennent, poser la question du pourquoi.
3. Repérer les logiques qui lient les évidences les unes aux autres et caractériser les traits culturels de l'entreprise.
4. Pour chacun des traits culturels, vérifier leur pertinence en recherchant leurs traces et leur origine dans l'histoire de l'entreprise. Quelles caractéristiques historiques de l'entreprise permettent d'expliquer la création des évidences rassemblées dans tel ou tel trait culturel ?

CHAPITRE 3

Agir sur le système

DÉCRIRE, ANALYSER, COMPRENDRE,... ne sont pas des fins en soi pour le manager, mais des moyens de mieux agir. Peu importe que la représentation de l'organisation dont se dote le manager ne soit pas exhaustive et juste, pourvu qu'elle lui permette d'agir avec pertinence et de prendre des décisions judicieuses dans un contexte le plus souvent contraint par l'urgence.

Le mode de représentation d'une organisation sous forme d'un système composé de quatre sous-systèmes (objectifs, techniques, structures et culture) peut, à cet égard, être fort utile au manager. Pour clore la première partie de cet ouvrage, attardons-nous quelques instants sur les principales caractéristiques systémiques d'une organisation et sur leur incidence tant au niveau de ses conditions d'efficacité qu'en matière de changement organisationnel, thème sur lequel nous reviendrons plus longuement dans le chapitre 11.

Quelques principes de systémique utiles au manager

L'organisation est un système disions-nous. Mais qu'est-ce qu'un système ? Cette notion vient, comme son nom l'indique, de la systémique née dans les années 1950 aux États-Unis de disciplines comme la cybernétique ou la biologie. Comme le souligne G. Donnadieu (1997), la systémique est moins un nouveau savoir scientifique qu'une attitude d'esprit particulière. Il s'agit avant toute chose d'une « boîte à outils intellectuels » mieux adaptés que les concepts de la logique cartésienne pour penser la « complexité organisée ». La systémique nous aide à poser les problèmes, mais n'a pas vocation à nous fournir directement de solutions. C'est un savoir méthodologique, une « paire de lunettes » qui nous permet de mieux déchiffrer la réalité complexe et d'agir sur elle avec plus de pertinence.

Un système est un ensemble finalisé d'éléments en interaction les uns avec les autres. L'économiste K.E. Boulding illustre cette définition très générale d'un système sous la forme d'un savoureux petit poème, mode d'expression rare dans cette discipline. En peu de mots tout y est dit.

Qu'est-ce qu'un système ?

A system is a big black box
Of which we can't unlock the locks
And all we can find out
Is what goes in and comes out

Perceiving input-output pairs
Related by parameters
Permits us, sometimes, to relate
An input, output, and a state

If this relation's good and stable
Then to predict we may be able,
But if this fail us – heaven fordib !
We'll be compelled to force the lid !

Un système est une grosse boîte noire
Dont on ne peut ouvrir les serrures
Et tout ce qu'on peut en découvrir
C'est ce qui entre dedans et ce qui sort

Identifier des couples d'entrant-sortant
Reliés par des paramètres
Nous permet parfois d'associer
Un entrant, un sortant et un état

Si cette relation est bonne et stable
Nous sommes alors capables de faire des prédictions
Mais si nous n'y parvenons pas – à Dieu ne plaise !
Nous serons obligés de faire sauter le couvercle !

Kenneth E. Boulding

Figure 3.1.

Un système est une modélisation, c'est-à-dire une représentation de la réalité. Selon une formule célèbre, la carte n'est pas le territoire. Comme toute carte, un système est une représentation partielle et subjective de la réalité. Modéliser une organisation sous forme d'un système n'est pas une fin en soi, mais un moyen de mieux agir. La représentation retenue est ainsi nécessairement fortement dépendante des objectifs poursuivis par celui qui l'élabore. S'il faut attendre le début des années 1980 pour voir les représentations de l'organisation intégrer la culture comme une de ses composantes, ce n'est pas parce qu'auparavant les entreprises n'avaient pas de culture, mais parce que, compte tenu des caractéristiques environnementales d'alors, la culture n'était pas une variable pertinente pour le management. Un système est finalisé (transformer des « entrées » en « sorties »). La représentation de la réalité organisationnelle modélisée à travers le système organisation dépend de la finalité de cette dernière.

Les organisations échangent en permanence avec leurs environnements : elles sont ainsi des systèmes dits ouverts. Cette caractéristique s'inscrit jusque dans leur finalité : fabriquer des produits ou fournir des services à des clients. Marché du travail, culture nationale,... sont d'autres environnements avec lesquels l'entreprise échange également en permanence. Aucune entreprise, de quelque nature qu'elle soit, ne peut faire abstraction de son environnement. Son évolution est du reste souvent conditionnée par une modification de ce dernier. Les entreprises ne changent pas naturellement. Elles changent le plus fréquemment sous la contrainte pour s'adapter aux évolutions de leurs environnements.

Le tout est plus que la somme des parties

Les composantes du système sont en interaction les unes avec les autres. Un des intérêts majeurs de la représentation d'une organisation sous forme d'un système est de mettre l'accent au moins autant sur les relations entre ses composants, que sur les composants eux-mêmes. Selon la célèbre maxime de Goethe : le tout est plus que la somme des parties. Les problèmes de management se situent souvent aux interfaces. Il ne sert à rien d'avoir les machines de production les plus modernes et les plus performantes si on n'a pas un

L'efficacité de toute organisation tient plus de la cohérence entre ses parties que de la qualité de chacune d'elles prise séparément.

réseau de distribution capable d'écouler les produits fabriqués. Cela n'a pas beaucoup de sens de se doter de techniques très sophistiquées de gestion des compétences si les managers, tout au long de la chaîne hiérarchique, ne sont pas habilités à prendre des décisions en matière de gestion des ressources humaines. On pourrait multiplier ces exemples à l'infini. L'efficacité de toute organisation tient plus de la cohérence entre ses parties que de la qualité de chacune d'elles prise séparément.

Enfin, comme l'explique H.A. Simon (1969), les systèmes ont une structure arborescente. Un système est composé de parties, elles-mêmes des systèmes, de niveau de complexité moindre que le système qui les englobe. Objectifs, techniques, structures et culture, les quatre composants du système organisation, sont des sous-systèmes de niveau de complexité moindre que l'organisation. Cette caractéristique des systèmes a un corollaire méthodologique important : l'effet de loupe. On peut analyser une organisation en braquant les projecteurs sur un de ses composants, analysable comme un système à part entière, mais présentant un niveau de complexité moindre que celui de l'organisation, c'est-à-dire dont l'analyse et la compréhension sont plus aisées.

Parce qu'elle permet de construire des modèles permettant l'action organisée dans des univers complexes et turbulents, la pensée systémique est intéressante à plus d'un titre pour le management. Mais elle présente aussi des limites.

Mais la modélisation systémique a des limites

D'une part, aucun modèle, de quelque nature qu'il soit, ne pourra jamais rendre compte fidèlement de la complexité et de la richesse des situations organisationnelles réelles. Il est forcément réducteur. Ne pas en faire le deuil peut conduire à construire des « usines à gaz » dont les variables et les interactions entre elles sont si nombreuses que, plutôt que d'aider le manager à faire des choix avec clairvoyance, elles le paralysent. Il ne faut pas chercher à modéliser pour modéliser, par jeu intellectuel ou par seul souci de rigueur scientifique, mais modéliser pour agir. Un modèle pertinent résultera ainsi toujours d'un équilibre entre exhaustivité et opérationnalité.

D'autre part, on ne manage pas des modèles. On ne manage pas un modèle d'usine ou un modèle de département, mais une usine ou un département. Adopter le point de vue des acteurs, et plus seulement celui du système, permettra de dépasser cette limite. Nous nous y emploierons dans la seconde partie de cet ouvrage. Mais toutes les grilles de lecture du monde, aussi complémentaires soient-elles, ne viendront jamais à bout de la complexité des situations. Il restera toujours une part d'inexpliqué et d'incertitude. Prétendre tout connaître et tout maîtriser relève du pur fantasme. Attendre de pouvoir tout prévoir pour agir conduit à la paralysie. Il restera toujours du flou. Le manager doit l'accepter et, dans bien des cas, s'en remettre à son intuition et à son expérience acquise dans et par l'action.

L'efficacité du système : contingence et cohérence

Le premier principe qui rend compte de l'efficacité d'une organisation est le principe dit de la contingence. En simplifiant, ce principe nous dit ceci : il n'y a pas de bonne ou de mauvaise organisation dans l'absolu ; il n'y a pas d'organisation qui soit la meilleure de toutes (one best way) ; il y a simplement des organisations plus ou moins adaptées aux exigences de leur environnement. Gardons bien présent à l'esprit que les organisations sont des systèmes ouverts. Pour T.R. Burns et G.M. Stalker (1966), qui ont esquissé en pionniers ce principe, les organisations performantes sont celles dont les caractéristiques sont cohérentes avec les exigences de leur environnement.

Une entreprise dont l'environnement est simple, stable et prévisible gagnera en efficacité à adopter une organisation relevant davantage du modèle mécanique que du modèle organique, et inversement pour une entreprise dont l'environnement est complexe, turbulent et incertain.

Une entreprise dont l'environnement est simple, stable et prévisible gagnera en efficacité à adopter une organisation relevant davantage du modèle mécanique que du modèle organique, et inversement pour une entreprise dont l'environnement est complexe, turbulent et incertain. Mais dans l'absolu, c'est-à-dire sans référence aux exigences de l'environnement, il est impossible de dire, et cela n'aurait d'ailleurs aucun sens, qu'un modèle est meilleur que l'autre.

Exemple de l'entreprise d'équipements électriques

L'exemple d'une entreprise d'équipements électriques, qui remonte déjà à quelques années, permet de bien comprendre pourquoi et comment les managers ne respectent pas toujours ce principe pourtant simple. Cette entreprise s'est développée avec l'expansion des années 1960 en fabriquant à des prix très compétitifs divers équipements électriques, comme des pompes pour l'industrie ou des produits de grande consommation. La direction a toujours eu le souci de la qualité de son management : formation de l'encadrement, systèmes de contrôle de gestion bien adaptés aux besoins,... Des voyages d'études fréquents aux USA ont permis à l'équipe de direction d'évoluer en fonction des marchés, des mutations technologiques et de l'apparition de telle ou telle nouvelle méthode de management. Cette équipe fit cependant une erreur.

A la fin des années 1960, on parlait beaucoup de structures divisionnelles. Les publications spécialisées et les consultants vantaient beaucoup leurs mérites, alors que jusque-là les entreprises recouvraient le plus souvent une structure fonctionnelle. Après avoir écouté un conférencier qui sut lui communiquer son enthousiasme pour les structures divisionnelles, le comité de direction de l'entreprise d'équipements électriques décida d'adopter ce type de structure. A sa structure fonctionnelle, il substitua dans les semaines suivantes une structure divisionnelle conforme au modèle : une division produits industriels lourds, une division produits industriels légers et une division grand public. Il pensait ainsi corriger certaines lourdeurs de son organisation d'alors : communications malaisées, conflits entre les services, décisions remontant systématiquement à la Direction Générale,...

Les lignes de fabrication étant spécialisées, on les attribua sans difficulté à chacune des divisions. De même, les commerciaux et les agents du service après-vente se virent affecter à chaque division en fonction de la nature de leur activité. Tout le monde, aux grincheux près, approuva la transformation. Les budgets furent rapidement adaptés. Quelques services demeurèrent communs (développement, administration du personnel,...) et quelques nominations à des postes de responsabilité nouveaux permirent de promouvoir les cadres les plus dévoués.

Au bout de quelques mois cependant, chacun dut reconnaître que de nouveaux problèmes surgissaient : tentatives de concurrence entre les divisions sur des produits à la frontière des répartitions d'activité, refus des divisions de se communiquer des informations commerciales, conflits aigus entre responsables de division pour les investissements, multiplication des dépenses de prospection, mécontentement des clients ayant désormais plusieurs interlocuteurs,... Après une année, il fallut se rendre à l'évidence. Il ne s'agissait plus d'une maladie infantile de la nouvelle structure. Les inconvénients l'emportaient sur les avantages et le bilan global apparaissait plus négatif que celui de la structure fonctionnelle. On se mit à la regretter. Heureusement, l'expansion de l'entreprise se poursuivait. Cela permit à l'équipe de direction de revenir à l'ancienne structure sans trop de difficultés.

Lorsque le comité de direction de l'entreprise d'équipements électriques chercha les causes de l'échec de la structure divisionnelle, il comprit pourquoi celle-ci ne correspondait pas à certaines exigences de son environnement. A cette époque, les clients de l'entreprise passaient des commandes importantes, représentant plus d'une année d'activité, pour des produits bien définis, mais relevant souvent de divisions différentes. Plusieurs clients avaient ainsi à faire à deux, sinon aux trois divisions pour de nombreuses commandes. Pour cette raison au moins, la structure fonctionnelle convenait mieux à ce contexte. L'entreprise d'équipements électriques avait fait l'expérience du principe de la contingence. Compte tenu des exigences de son environnement, la structure fonctionnelle était plus adaptée que la structure divisionnelle. Ni l'une ni l'autre n'était meilleure en soi. Pour une autre entreprise, dans un environnement différent, ce serait l'inverse.

La découverte de l'entreprise d'équipements électriques semble aller de soi aujourd'hui. Et pourtant, on peut encore se poser quelques questions à ce sujet. Applique-t-on toujours le principe de la contingence lorsqu'on copie sans hésiter telle procédure ou telle pratique de management observée dans une autre entreprise ou un autre pays ? Sait-on qu'appliquer ce principe conduit à porter une attention toute particulière à l'analyse de la situation avant de choisir la solution adéquate ? Possède-t-on les méthodes et les compétences nécessaires pour analyser les situations conformément aux exigences du principe de la contingence ?

Différenciation et intégration des structures

Le principe de la contingence s'applique au système organisation et donc à chacun de ses sous-systèmes : objectifs, structures, techniques et culture. Concernant le sous-système des structures en particulier, P.R. Lawrence et J.W. Lorsch (1967) ont approfondi les intuitions pionnières de T.R. Burns et G.M. Stalker pour déboucher sur une méthode opérationnelle permettant de satisfaire aux exigences du principe de la contingence. Ils précisent qu'on ne peut aborder une structure, de quelque nature qu'elle soit, de manière monolithique, notamment parce que les différentes unités qui la composent (divisions ou fonctions) ne sont pas toutes confrontées au même environnement : par exemple, technologies pour la R&D, marché pour les ventes,... Les organisations se fractionnent alors en unités de manière à ce que chacune d'elles ait pour mission de traiter une partie différente de leur environnement. Qui plus est, les exigences de ces sous-environnements peuvent être, et le plus souvent sont, très différentes : par exemple, fort degré d'incertitude pour la R&D, moyen pour les ventes et faible pour la production. Pour que l'organisation soit performante, il faut alors que R&D, production, ventes,... adoptent des caractéristiques organisationnelles différentes en adéquation avec les exigences de leur environnement respectif, entre autres leur degré d'incertitude sur les évolutions à venir.

Les caractéristiques organisationnelles adaptées au degré d'incertitude de l'environnement

Degré d'incertitude de l'environnement / Caractéristiques organisationnelles	**Faible**	**Moyen**	**Fort**
Degré de formalisation de la structure	Élevé	Moyen	Bas
Relations interpersonnelles centrées sur les ...	Tâches	Individus	Tâches
Horizon temporel des objectifs	Court terme	Moyen terme	Long terme

Tableau 3.1.

On obtient alors la première condition d'efficacité d'une organisation découlant directement du principe de la contingence : les organisations performantes sont celles qui respectent la relation « caractéristiques organisationnelles/exigences de l'environnement » pour toutes leurs unités. Plus les exigences de leurs sous-environnements seront différentes, plus elles devront être « différenciées », c'est-à-dire que leurs unités devront posséder des caractéristiques organisationnelles différentes. Elles auront alors besoin de coordination pour intégrer ces différentes unités les unes aux autres. Or, on constate que la coordination entre deux unités très différenciées est le plus souvent naturellement faible, parce que plus difficile à obtenir qu'entre deux unités qui le sont moins. Apparaît alors une seconde condition d'efficacité liée à la première : pour résoudre ce problème, les organisations efficaces mettent en place des procédures « d'intégration » comparables à la diversité de leurs sous-environnements et donc à leur degré de « différenciation ». Plus leur degré de « différenciation » est important, plus il est nécessaire que « l'intégration » entre leurs unités soit forte, cela exigeant de mettre en place des moyens d'intégration particuliers qui vont bien au-delà de la seule ligne hiérarchique (comités, services de liaison,...).

Une méthode de diagnostic organisationnel

Les grandes lignes d'une méthode de diagnostic organisationnel en trois étapes découlent de ce principe « différenciation/intégration » :

1. Caractériser les exigences des sous-environnements de l'entreprise, notamment en termes de degré de variété et d'incertitude ;
2. Analyser les caractéristiques organisationnelles de chacune des unités (nature des objectifs, degré de formalisation de la structure, type de relations interpersonnelles, nature de l'horizon temporel) et leur cohérence avec les exigences de leur environnement respectif ;
3. Repérer les modes d'intégration entre chacune des unités et analyser leur cohérence avec le degré de différenciation.

Pour expliciter le second principe d'efficacité, la cohérence organisationnelle, prenons un exemple : celui de la Direction Par Objectifs (DPO).

Exemple de la DPO

Technique de management parmi d'autres, pour être efficace, la DPO doit s'insérer dans le système que constitue toute organisation et être cohérente avec chacun des trois autres sous-systèmes : objectifs, structures et culture.

Pour bien s'appliquer, la DPO nécessite une clarification et une explicitation des objectifs organisationnels, sans quoi leur démultiplication tout au long de la chaîne hiérarchique est rendue difficile. Certaines entreprises se rendent compte qu'elles ne peuvent pas vraiment appliquer la DPO car leur environnement instable et imprévisible ne leur permet pas de fixer des objectifs suffisamment stables pour l'année, condition d'application de cette technique de management. En outre, des managers se rendent compte qu'ils dirigent grâce à un certain flou sur les objectifs et qu'ils doivent, soit changer de style de management, soit abandonner la méthode. Bref, pour faire de la DPO, il faut des objectifs relativement stables et clairs.

Ensuite, pour donner à chaque manager un domaine précis de responsabilités, il faut une répartition claire des activités, des moyens et du personnel, c'est-à-dire des structures *ad hoc*. Je ne peux m'engager sur des objectifs si je ne dispose des moyens pour les atteindre, moyens qui me sont affectés sans trop d'ambiguïté. Il faut donc aussi que par ces moyens, on me donne des sources suffisantes de pouvoir, en particulier pour manager mes collaborateurs. Toutes les structures ne permettent pas la DPO. Il convient alors soit de les aménager pour les rendre cohérentes avec cette technique de management, soit de se tourner vers d'autres techniques plus adaptées aux structures en place.

La culture : cause la plus fréquente des échecs d'implantation de la DPO

Enfin, selon un certain nombre d'études sur les échecs d'application de la DPO dans les entreprises françaises, la cause la plus fréquente réside dans la culture. Cette technique de management suppose en effet une négociation des objectifs du subordonné entre celui-ci et son supérieur hiérarchique direct. Négocier constitue un mode de relation excluant la relation hiérarchique traditionnelle. Si la culture d'entreprise valorise le management directif dans ses évidences partagées, une négociation valable et réelle ne s'instaurera pas. Le supérieur n'acceptera ni que son subordonné discute les objectifs qu'il lui indique ni que celui-ci suggère, propose et prenne l'initiative d'objectifs propres. Ce serait intolérable et contraire aux modèles culturels d'autorité. Le même subordonné se sentirait d'ailleurs mal à l'aise dans de telles attitudes, qu'à son tour il n'accepterait pas de ses propres subordonnés.

Pour porter ses fruits et être efficace, une technique de management comme la DPO doit présenter un degré de cohérence suffisant avec les trois autres sous-systèmes de l'organisation. Mais la cohérence organisationnelle pure et parfaite est un mythe. Dans les entreprises, l'incohérence est la règle, la cohérence l'exception. Simplement, toute organisation refuse un degré trop élevé d'incohérence entre chacun de ses sous-systèmes.

Les incidences sur le changement dans l'organisation

Quand l'environnement change, l'organisation doit évoluer

La dimension systémique de l'organisation et les principes d'efficacité de la contingence et de la cohérence comportent plusieurs conséquences au niveau du changement organisationnel. D'abord, selon le principe de la contingence, quand les exigences de l'environnement se modifient, le système organisation doit évoluer, parfois changer d'état, pour se doter de caractéristiques différentes, cohérentes avec les nouvelles exigences de l'environnement (voir figure page suivante).

Quand un sous-système évolue, les autres aussi

Ensuite, les quatre sous-systèmes qui composent l'organisation étant en interaction, la modification de l'un d'entre eux nécessite le plus souvent une évolution des trois autres.

Quand les exigences de l'environnement changent, le système organisation doit évoluer

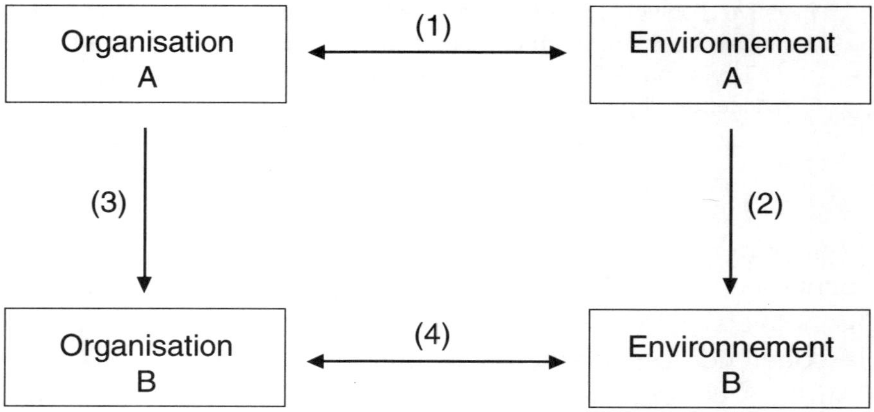

Figure 3.2.

De manière à accroître sa flexibilité par le développement des compétences de son personnel (Objectifs), une entreprise du secteur chimique se dote d'une nouvelle technique d'évaluation des compétences en lien avec la qualification et la rémunération de son personnel (Techniques). Par rapport à la situation ancienne, la mise en place de cette nouvelle technique de gestion nécessite :

- d'une part, de déplacer un certain nombre d'attributions et de responsabilités en matière de Gestion des Ressources Humaines des professionnels de la direction aux responsables opérationnels et donc de faire évoluer leur rôle respectif (Structures) ;
- et, d'autre part, de passer d'une culture mécanique, valorisant le respect des règles et des procédures, à une culture organique qui mette en avant l'autonomie, l'initiative et la responsabilité (Culture).

On se polarise trop souvent sur le sous-système des techniques

On oublie trop facilement cette conséquence de la dimension systémique de l'organisation, particulièrement quand, pour satisfaire de nouveaux objectifs, on fait évoluer une technique ou on cherche à en mettre une nouvelle en place. On se polarise sur le sous-système des techniques, sans suffisamment prendre en considération que le changement envisagé peut avoir un impact sur les structures et aussi, dans certains cas, sur la culture. Le changement organisationnel nécessite d'avoir une vue globale de l'organisation.

Une entreprise de meubles remplace certaines de ses machines traditionnelles par un centre d'usinage à commande numérique pour accroître sa productivité et sa flexibilité face aux nouvelles contraintes de son marché. Elle réalise ce changement sans analyser son impact sur le fonctionnement de l'atelier et donc sans faire évoluer son organisation du travail. Pourtant, ce changement de technologie bouleverse complètement sa logique de production. En effet, chaque machine traditionnelle n'étant capable de réaliser qu'une seule opération d'usinage, les pièces de bois circulent d'une machine à l'autre entre chaque opération de transformation. Les opérations de manutention, par leur nombre et leur importance, structurent le process de production. Le centre d'usinage à commande numérique permet, quant à lui, de réaliser la quasi-totalité des opérations d'usinage en un même lieu. Les opérations de manutention sont alors réduites à son chargement et déchargement. Résultat : faute d'une évolution de l'organisation du travail au sein de l'atelier, le centre d'usinage est mal utilisé. Il ne tourne pas à pleine capacité, les machines traditionnelles continuent à être utilisées, et ni la productivité ni la flexibilité ne sont à la hauteur des attentes de cet investissement important.

Les sous-systèmes ne changent pas à la même vitesse

Autre conséquence en matière de changement associée au fait de penser l'organisation comme un système : les quatre sous-systèmes qui la composent ne changent pas à la même vitesse. La conduite du changement organisationnel nécessite alors de maîtriser en parallèle des processus temporels différents. Toute démarche de changement doit prendre en considération des inerties et des horizons de temps différents. A cet égard, la culture est sans aucun doute le sous-système le plus stable et le plus prégnant, mais également le moins visible et le moins saisissable. En d'autres termes, celui qui change le plus lentement et qu'on a le plus de difficultés à faire évoluer.

Souvenons-nous de l'exemple de la Société de Télécommunications (ST) du chapitre précédent. Pour rapprocher sa capacité d'innovation des opportunités du marché et améliorer sa compétitivité internationale, la ST abandonne sa structure fonctionnelle avec une direction technique très forte – un État dans l'État – au profit d'une structure divisionnelle par ligne de produits. De surcroît, elle dote chacune des divisions d'une fonction marketing à qui elle octroie un pouvoir formel important, notamment dans les processus de développement des nouveaux produits. Sa structure change mais sa culture, façonnée par de longues années de succès fondés sur l'innovation technologique, n'évolue pas. Des évidences telles que, « la technique, c'est notre plus grande force », « nos produits sont les plus performants techniquement », « l'innovation vient de la technique »,... continuent à structurer les comportements et orienter les décisions en son sein. Résultat : dans chacune des divisions, des conflits importants apparaissent entre le service du marketing et celui du développement. Ils se traduisent par des dérives de délais et de coûts dans le développement des produits. Puis rapidement, le service du développement reprend le dessus sur le service du marketing, et l'entreprise retombe dans ses écueils anciens qui, par là même, se trouvent renforcés : inadaptation amplifiée des produits développés à la demande du marché, diminution du chiffre d'affaires à l'exportation,...

Loin de parvenir aux résultats escomptés, le changement aggrave le problème, parce que la culture n'a pas évolué au même rythme que les structures créant ainsi un degré d'incohérence trop important pendant trop longtemps.

Les points clés de la première partie

L'organisation est un système composé de quatre sous-systèmes en interaction :

- objectifs,
- structures,
- techniques,
- et culture.

Trois de ces quatre sous-systèmes (objectifs, structures et techniques) figurent de tout temps comme composants des représentations systémiques de l'organisation.

La culture, dernier des quatre sous-systèmes, que l'on peut définir comme l'ensemble des valeurs, croyances et normes de comportement partagées par les membres de l'entreprise, ne devient une variable pertinente pour le management qu'au début des années 1980 au moment où les règles du jeu concurrentiel ont profondément évolué.

La carte n'est pas le territoire. Parce que tout système est finalisé, la représentation de la réalité organisationnelle modélisée à travers le système organisation dépend de la finalité de cette dernière et donc de la nature des problèmes d'adaptation à son environnement et d'intégration des individus en son sein. Cette représentation est ainsi, par construction même, ni exhaustive ni objective, mais permet de mieux déchiffrer la réalité organisationnelle et d'agir sur elle avec plus de pertinence.

Les organisations sont des systèmes ouverts et sont donc contingentes. Ainsi n'y-a-t-il pas de bonne ou de mauvaise organisation dans l'absolu, mais seulement des organisations plus ou moins adaptées aux exigences de leur environnement.

.../...

.../...

L'efficacité d'une organisation, quelle que soit sa nature, dépend plus de la cohérence entre ses quatre sous-systèmes que de la qualité de chacun d'eux pris séparément.

La modification de l'un des sous-systèmes du système organisation nécessite le plus souvent une évolution des trois autres.

Tout au long de cette partie, l'organisation a été appréhendée dans sa globalité. La grille de lecture proposée, qui permet d'appréhender l'organisation comme un système, peut cependant s'appliquer de la même manière à toute unité organisationnelle : un service, un département,...

DEUXIÈME PARTIE

Les acteurs au cœur de l'organisation

La deuxième partie de cet ouvrage vise à présenter la même réalité que celle exposée dans la première, l'organisation, mais en prenant le point de vue non plus du système mais des acteurs. Nous nous attacherons ainsi à expliciter le plus simplement possible le raisonnement, les principales notions et grilles de lecture de sociologie des organisations utiles au manager. Cinq chapitres composent cette deuxième partie :

- le premier présente différents schémas explicatifs du comportement humain et montre en quoi l'approche sociologique par les situations est plus utile au manager que les approches psychologiques par les dispositions pourtant plus couramment utilisées à ce jour ;
- les deuxième, troisième et quatrième chapitres détaillent notions et grilles de lecture, issues de la sociologie des organisations, utiles au manager pour agir sur les comportements au travail ;
- enfin, le cinquième et dernier chapitre montre comment appréhender l'organisation comme un système social.

CHAPITRE 4

Expliquer les comportements

TOUT COMPORTEMENT, explique le sociologue R. Boudon (1986), résulte d'un effet conjoint de position (règles formelles et informelles, relations avec les autres individus, accès à l'information,...) et de dispositions (mentales, cognitives, affectives, sociales,...). Situation et dispositions sont les deux facteurs explicatifs de tout comportement humain.

Situation et dispositions sont les deux facteurs explicatifs de tout comportement

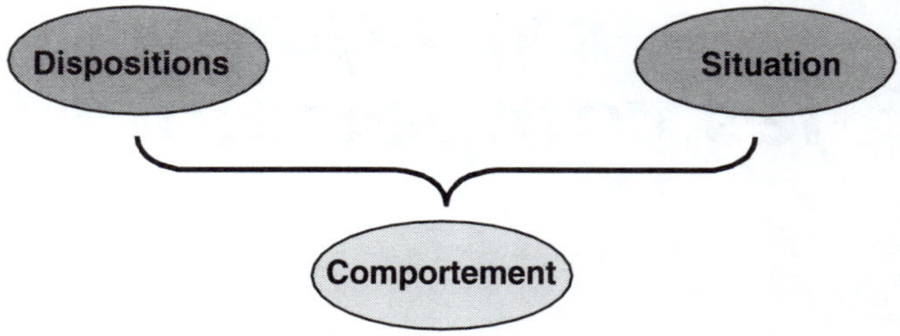

Figure 4.1.

Par bon sens, tout le monde s'entendra sans mal sur cette proposition. Et pourtant, si on recense les pratiques de management les plus fréquemment utilisées encore aujourd'hui, on observe qu'elles favorisent le plus souvent deux schémas en particulier :

- l'approche du comportement humain par les traits de personnalité qui, utilisée en management, vise par exemple à sélectionner, choisir et parfois évaluer les individus uniquement en fonction de caractéristiques psychologiques données, conformes à celles requises idéalement par la situation de travail ;

- l'approche par les motivations qui, elle, vise à expliquer le comportement humain en faisant appel à des mécanismes intra-psychiques supposés présents chez toute personne, en particulier des besoins universaux et généraux.

Ces deux schémas correspondent à une explication du comportement humain uniquement par les dispositions des individus. Ils sont ainsi en contradiction flagrante avec la proposition de R. Boudon. On cherche à jouer sur des dispositions latentes chez un individu pour obtenir le comportement recherché. Si dans certaines circonstances ces schémas suffisent à expliquer les comportements au travail, on en rencontre vite les limites. Il convient cependant d'examiner chacun d'eux pour d'une part, en bien comprendre les limites et, d'autre part, les dépasser et mieux appréhender l'intérêt pour le management d'une approche par les situations.

L'approche par les traits de personnalité

Lorsque, parmi plusieurs candidats, on choisit X plutôt que Y ou qu'on remplace à un poste Y par X, on pense que X, ayant certains traits de personnalité, de caractère, de tempérament,... ne pourra que se comporter différemment d'Y, et que son comportement correspondra davantage à celui attendu dans le cadre du poste en question. Ce faisant, on établit implicitement ou explicitement un lien mécanique entre le comportement d'un individu et ses caractéristiques personnelles. On considère que, en toutes circonstances, les comportements de X refléteront des caractéristiques propres à X : « c'est bien de lui de réagir ainsi, ça ne m'étonne pas de lui, je le reconnais bien là, je n'en attendais pas moins de lui,... ». Dans tous les cas, quelle que soit la situation, je repère une signature qui le caractérise. De là, on en déduit qu'en X existent des sortes de filtres mentaux, cognitifs, affectifs,... qui donnent des colorations constantes à ses manières d'être et déterminent ses comportements quelle que soit la situation.

L'approche par les traits de personnalité établit un lien mécanique entre le comportement d'un individu et ses caractéristiques personnelles

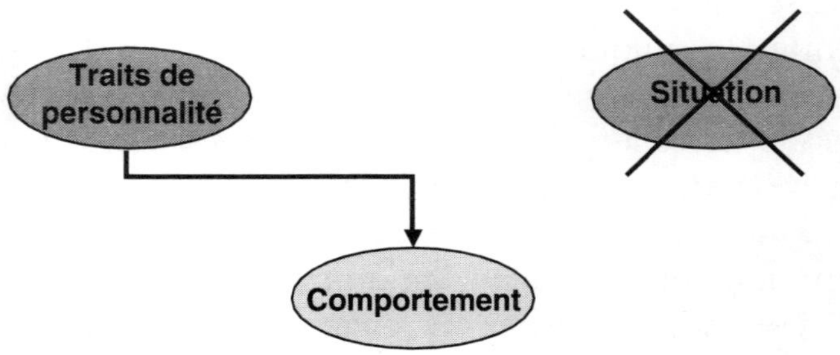

Figure 4.2.

La psychologie et la psychanalyse ont exploré de manière approfondie la personnalité des individus et fourni des descriptions détaillées des mécanismes et structures intra-psychiques, expliquant ainsi les comportements par des facteurs dispositionnels. L'apport de ces travaux à la compréhension de l'humain dans toute sa complexité et à la pratique thérapeutique est indéniable. Personne ne le conteste. Le problème réside davantage dans la transposition trop rapide et l'utilisation qui est faite de leurs schémas explicatifs dans des situations de management, situations où, sous contrainte de temps et de coûts, on cherche à agir sur les comportements pour les orienter vers les objectifs organisationnels. Dans le cadre d'une cure analytique, on a le temps (pour ceux qui le prennent) d'analyser comment, situation après situation, nos dispositions se préstructurent depuis notre petite enfance : la partie consciente et la partie inconsciente. Mais on

Dans la plupart des cas, les référents temporels du management et de la psychanalyse sont incompatibles.

n'a pas le temps de se livrer à un exercice de cette nature dans des situations de management le plus souvent contraintes par l'urgence. Dans la plupart des cas, les référents temporels du management et de la psychanalyse sont incompatibles.

Psychologie et psychanalyse ne sont pas les seules responsables

La psychologie quotidienne non scientifique (*pop psycho* disent les américains pour psychologie populaire), communément appliquée par tout un chacun, a énormément accentué la pérennité et la constance dans le temps de schémas dispositionnels simplifiés et extraits du contexte dans lequel ils ont été élaborés. On est comme ceci ou comme cela pour la vie, face à n'importe quelle situation et en toutes circonstances. Victime d'un « psychologisme » par trop simpliste, voilà le type de conclusions auxquelles on arrive trop souvent.

Cette tendance naturelle, dont nous sommes tous victimes si on n'y prend garde, n'est pas la seule responsable de la prégnance de l'approche par les traits de personnalité pour expliquer les comportements au travail. La responsabilité est largement partagée. Par exemple, la pratique des tests psychotechniques, chers aux tayloriens de la première heure, est venue renforcer cette tendance dans le monde du travail. Encore de nos jours dans les offres d'emploi, on recherche quelqu'un comme ceci ou comme cela, de la même manière qu'on achète quelque chose de vert ou bleu. Plus grave. Des superstitions relevant d'une mentalité moyenâgeuse, préscientifique et mythologique, basées sur des croyances sans fondements ni scientifiques ni même expérimentaux comme l'astrologie ou la numérologie, utilisées par un nombre non marginal d'entreprises dans leurs pratiques de recrutement et promotion, confirment cette image fixiste et transcendante des traits de caractère stables, homogènes et sans contradiction entre eux. « Je suis comme je suis » dit la chanson. La réalité est loin d'être aussi simple.

Les traits de personnalité n'expliquent pas tout

L'explication des comportements par les traits de personnalité connaît depuis quelques années déjà une série de critiques et de remises en cause qui en montrent les limites. La plus radicale d'entre elles se trouve dans les travaux de D.J. Bem (1972). Pour ce dernier, en observant les individus dans le temps, le coefficient de corrélation, c'est-à-dire le lien statistique, entre leurs comportements et leurs traits de personnalité n'est que de 0,3. Que signifie ce faible coefficient ? En simplifiant, il nous dit ceci : peut-être êtes-vous de tempérament autoritaire, de tendance extravertie, assez enclin aux contacts interpersonnels, mais dans de nombreuses situations vous ne pouvez laisser ces traits de personnalité se manifester. Ainsi, j'observe que vous êtes souvent participatif avec des collègues, autoritaire avec des subordonnés, soumis avec votre épouse et vos enfants, très réservé dans vos relations de voisinage,...

Un directeur chapeaute deux unités A et B, identiques en termes techniques et structurels, mais différentes au niveau du climat social : ce dernier est bon dans la première, moins bon dans la seconde. Il remarque ne pas se comporter de la même manière dans chacune des deux unités. Il règlera le même problème en étant à l'écoute et participatif dans la première, en étant directif et parfois contraint de se fâcher dans la seconde.

Bon gré mal gré, nous nous adaptons aux situations

En réalité, nos comportements manifestent une diversité plus grande que nous ne l'estimons. Nous nous référons surtout aux moments et aux situations dans lesquelles nous pouvons nous laisser aller. Dans le cours d'une journée, nous nous adaptons aux situations, bon gré mal gré, parce qu'il le faut bien et même si cela nous coûte. Comme l'expliquait un des acteurs de l'affaire du Watergate, le président Nixon se forçait à contenir ses émotions et s'était constitué une carapace pour mener une carrière de politicien contredisant sa nature.

Des travaux comme ceux de D.J. Bem confirment nos intuitions et les observations que nous pouvons réaliser au quotidien. Le travail, son organisation, les relations de coopération,... créent des situations contraignantes qui exigent des comportements adaptés, réfléchis, moins spontanés qu'on ne le voudrait parfois au premier abord. On sait bien qu'un dirigeant, cassant avec ses subordonnés, peut faire preuve d'une amabilité extrême avec les clients ou avec ses collègues de la maison-mère et des autres filiales. Selon nos interlocuteurs, nous modulons nos manières d'être.

L'approche par les motivations et les besoins

Le second schéma explicatif des comportements est aussi une explication par les dispositions, même si la situation y tient une place plus importante que dans l'approche par les traits de personnalité. De manière simplifiée, l'approche par les motivations au travail propose le schéma explicatif suivant :

- entre un comportement et un besoin peut exister un lien plus ou moins intense de satisfaction ;
- on obtient l'effet dit de motivation lorsqu'une situation offre des caractéristiques permettant des comportements de travail satisfaisant certains besoins.

La large vulgarisation de l'approche par les motivations, son succès dans les manuels de marketing et de management ont abouti à en faire des applications simplificatrices. Le mot motivé se trouve présentement employé à tout bout de champ. Il y a quelques décennies, il était l'apanage de quelques psychologues. On l'utilise même aujourd'hui pour caractériser une personne (elle serait ou ne serait pas motivée), ce qui strictement ne dit que la moitié des choses. On est en effet motivé

On obtient l'effet motivation quand les caractéristiques d'une situation permettent des comportements satisfaisant certains besoins

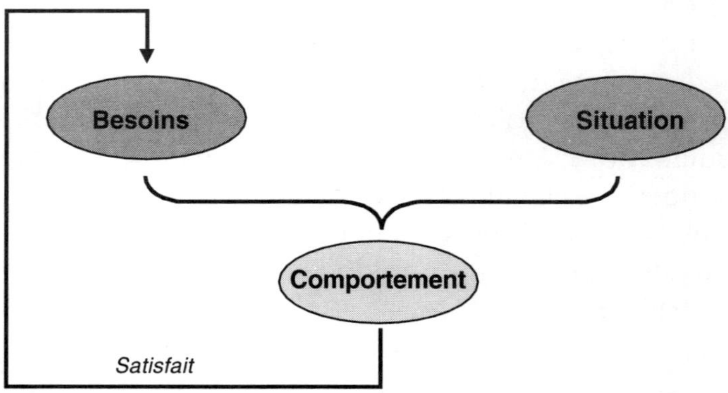

Figure 4.3.

par quelque chose. En fait, tout le monde est motivé : par le pain pour se nourrir, par la recherche d'un objet pour satisfaire un hobby,... Faut-il rappeler que motivé se rattache à motif : ce qui pousse à faire quelque chose.

La motivation est une force intérieure qui pousse à agir

Les spécialistes du marketing et de la publicité, grands utilisateurs des études de motivations, ont bien analysé le mécanisme motivationnel. On est motivé par l'achat de telle voiture, de tel parfum, de telle marque de cigarettes, parce qu'on juge que plus qu'une autre voiture, un autre parfum, une autre marque de cigarettes, ceux-là satisferont mieux un ensemble de besoins. La publicité va ainsi nous persuader d'acheter telle marque de cigarettes pour mieux satisfaire nos besoins d'affirmer une virilité d'homme des grands espaces.

Pour comprendre la motivation, ces travaux proposent un schéma mécaniste dit schéma de la réduction de tension (voir figure ci-dessous). La motivation est une force intérieure qui résulte d'une tension liée à un ou plusieurs besoins et déclenche un comportement visant à le(s) satisfaire. Dit autrement, un besoin est source de motivation en ce sens qu'il se manifeste par une tension que nous cherchons à réduire, voire faire disparaître, pour rétablir un équilibre et ainsi nous apaiser. Cette tension est liée au décalage entre ce que nous souhaitons avoir et ce que nous avons ou entre ce que nous souhaitons être et ce que nous sommes présentement. Comment fonctionne ce schéma ? Prenons un exemple très simple concernant un besoin physiologique de base : je suis déshydraté (besoin), j'ai donc soif (tension), ce qui me conduit à boire (comportement) et ainsi apaise ma soif (satisfaction).

La motivation résulte d'une tension liée à un besoin et déclenche un comportement visant à le satisfaire

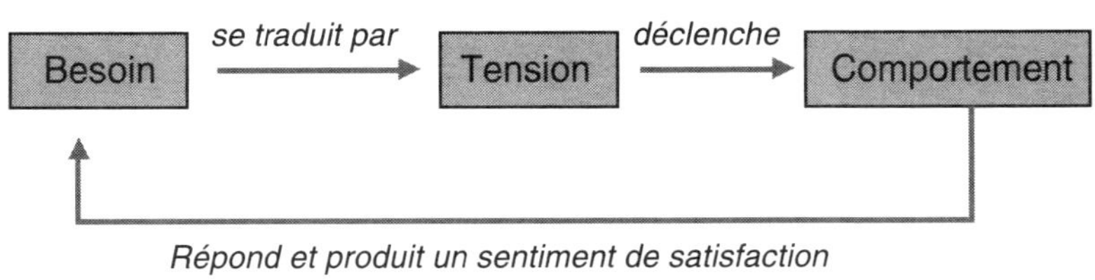

Figure 4.4.

La tentation était grande d'appliquer ce schéma explicatif au monde du travail. Plus le travail à effectuer conformément aux objectifs de production satisfera de besoins latents chez le salarié, plus ce dernier aura une production élevée. Tentant. En fait, la théorie est plus compliquée que cela, surtout dans sa mise en œuvre. Pourquoi ?

D'abord, parce que pour comprendre le comportement d'un individu, on fait appel à un ensemble de besoins généraux en considérant qu'ils existent chez chacun d'entre nous. Les typologies de catégories de besoins, sources de motivation, abondent dans la littérature psychologique et managériale. La plus connue et la plus utilisée d'entre elles revient à A. Maslow (1954) qui distingue les besoins physiologiques (manger, dormir, se loger, se chauffer,...), de sécurité (se protéger des risques d'accident au travail, bénéficier de la sécurité de l'emploi, sortir de chez soi sans se faire attaquer au premier coin de rue,...), sociaux (être en relation avec les autres, appartenir à un groupe, pouvoir échanger, s'exprimer, se faire entendre,...), d'estime (être reconnu, aimé,...) et de réalisation de soi (devenir de plus en plus ce qu'on souhaite être ou ce qu'on se pense capable d'être, se sentir utile, servir une cause à laquelle on croit,...). Il suffirait alors qu'à travers son travail le salarié trouve l'opportunité de satisfaire de plus en plus de besoins pour qu'il travaille mieux et plus.

Les besoins sont abstraits, les situations de travail concrètes

Le peu de diffusion des programmes d'enrichissement des tâches des années 1970, qui consistaient à concevoir des postes donnant la possibilité aux salariés de se réaliser par leur travail, prouve qu'on ne détient pas là une méthode facile à appliquer. Pourquoi ? On retiendra deux principales raisons d'échec. D'une part, les besoins de l'approche par les motivations sont généraux et abstraits, les situations de travail sont, quant à elles, spécifiques et concrètes. D'autre part, si chacun d'entre nous ressent bien des besoins, tout le monde ne perçoit pas forcément son travail comme un moyen évident de les satisfaire et, quand c'est le cas, les besoins que nous cherchons à satisfaire par le travail sont fonction de nos origines socioculturelles, de notre histoire personnelle,... varient au fil du temps et évoluent au regard de nos expériences, c'est-à-dire qu'ils nous sont particuliers et sont changeants : ce qui motive les uns ne motivent pas forcément les autres, et ce qui me motive aujourd'hui ne me motivera plus forcément demain. Il est vain de chercher à faire entrer tout le monde dans un même moule.

Enfin, critique non négligeable, les salariés ne sont pas passivement déterminés par leurs besoins. Nous ne sommes pas esclaves de nos motivations. En arrivant le matin au travail, nous ne laissons pas notre cœur au vestiaire, soit ; mais nous ne laissons pas non plus notre tête. Ne sous-estimons pas l'intelligence des individus dans l'explication de leurs comportements au travail. Il ne suffit pas de leur offrir des postes conformes à leurs besoins pour qu'ils réagissent de manière automatique et mécanique.

Partir de la situation plutôt que des dispositions

On comprend aisément les limites des approches dispositionnelles pour le management. Agir sur les dispositions d'un individu pour modifier son comportement au travail n'a rien d'évident. Vouloir changer les individus relève souvent de fantasmes ou de pures illusions. Ces dernières se sont transformées en désillusions pour trop de managers. La motivation au travail : l'arlésienne (tout le monde en parle, mais personne ne l'a jamais rencontrée), une notion valise pour les consultants en mal de méthodologies, ce à quoi on fait référence quand on a épuisé tous les modèles rationnels de gestion et qu'on ne trouve plus rien d'autre à proposer (il s'agit sûrement d'un problème profond de motivation).

Tournons-nous ainsi plutôt vers le second des deux facteurs explicatifs du comportement humain de R. Boudon : la situation.

On laissera alors l'analyse des processus intra-psychiques aux spécialistes, en considérant la « boîte noire » individuelle comme un ensemble hypercomplexe. A son sujet, on se contentera de formuler des hypothèses que les comportements observés au quotidien et en situation confirmeront ou infirmeront. Comme le souligne P. Watzlawick (1973), un des pères fondateurs de l'école dite de Palo Alto, il n'est pas nécessaire de comprendre les causes intra-psychiques pour travailler sur les effets.

Il n'y a pas de déterminisme culturel

Se tourner vers la situation. Oui, mais attention de ne pas à nouveau céder aux tentations du simplisme en tombant dans l'excès inverse : d'une part, ne prendre en considération que la situation et, par-là même, nier la capacité de choix de l'individu à travers son intelligence et, d'autre part, recommencer à raisonner de manière mécaniste, à un niveau abstrait, global, général et sans prise sur le réel. Bon nombre de travaux récents sur la culture d'entreprise ont trop facilement cédé à ces sirènes : il faut avoir la « bonne » culture d'entreprise (composée de valeurs comme le profit, le client, la qualité, le respect d'autrui,... et de croyances comme l'homme est la plus grande richesse de l'entreprise, contredites par le premier plan social venu) pour obtenir de ses salariés les comportements appropriés, c'est-à-dire conformes aux objectifs organisationnels. C'est encore mieux si cette culture d'entreprise est « forte », c'est-à-dire partagée par le plus grand nombre, trouve-t-on dans ces mêmes travaux. En ayant une « bonne » et « forte » culture d'entreprise, vos salariés verront le monde à travers la même paire de lunettes que la vôtre, disent aux dirigeants un certain nombre de gourous en management : il n'y aura ainsi plus de divergence et donc plus de conflit. La culture serait alors ce nouveau mode de régulation des organisations qui viendrait se substituer aux règles et aux procédures. Un tel raisonnement, pourtant centré sur la situation, retombe dans des travers mécanistes identiques à ceux des schémas dispositionnels. Le conditionnement culturel remplace les traits de personnalité et les besoins. Le filtre n'est plus cognitif ou affectif, mais culturel. Le point de départ est différent, mais le résultat est le même.

Le schéma culturaliste : en conditionnant leurs dispositions, la culture détermine le comportement des individus

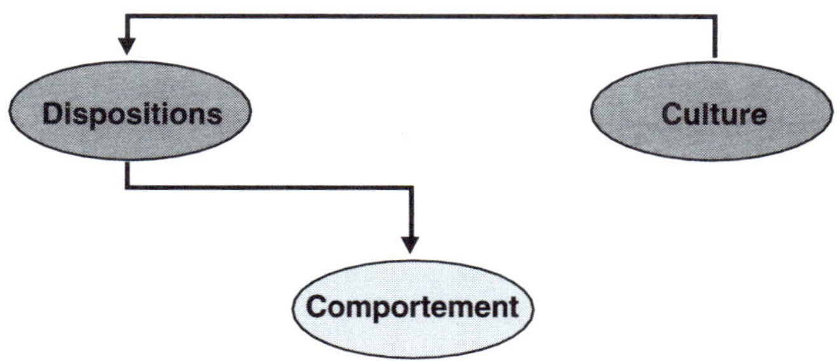

Figure 4.5.

Les valeurs, croyances, normes de comportement,... qui composent la culture d'entreprise préstructurent plutôt que déterminent nos comportements. Face à un problème, elles limitent l'éventail des solutions possibles, et rendent par là même notre choix possible, mais n'éliminent pas pour autant notre possibilité de choisir. Elles sont un élément parmi d'autres des situations auxquelles nous avons à faire face quotidiennement. Moins que de déterminer mécaniquement nos comportements, la culture influence les possibilités de réponse à un problème donné. Elle « balise » la situation et fait ainsi obstacle à certains possibles tout en favorisant d'autres alternatives : certaines solutions sont plus acceptables et légitimes que d'autres. L'individu au travail est un acteur social face à des situations dont il sent la complexité, les ambiguïtés, le flou, les incertitudes,... S'il vit bien ces situations à travers ses propres dispositions psychologiques et dans un système de valeurs donné, ni l'un ni l'autre ne détermine mécaniquement son comportement.

Pour comprendre les comportements d'un individu, il faut prendre en considération la complexité des situations et celle de ses réactions non plus de manière mécaniste mais dynamique. Nous vivons une situation comme un problème auquel nous apportons par notre comportement ce qui nous semble être la meilleure solution. Entre situation et comportement la relation n'est pas univoque, mais réciproque.

Notre comportement est la réponse que nous apportons au problème que nous pose une situation

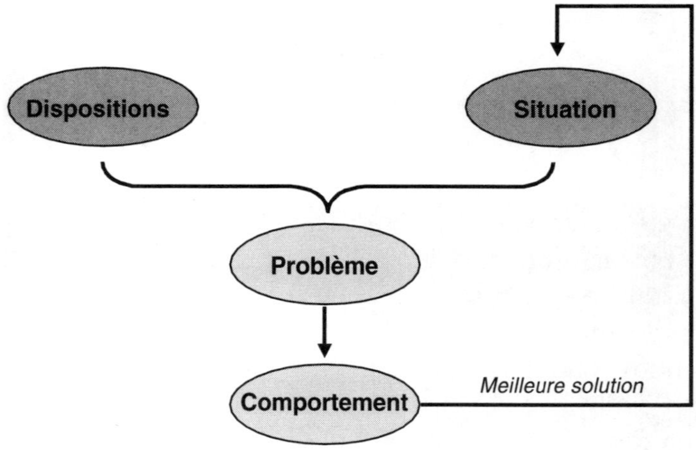

Figure 4.6.

« Qu'est-ce que je pourrais faire ? A ma place, qu'est-ce que tu ferais ? Chaque fois que je l'ai laissé faire, je m'en suis bien tiré, ça ne sert à rien de se mêler de ces histoires,... ». On pourrait multiplier ce genre de petites phrases. Elles se rapportent toutes au fait que nos comportements sont notre réponse à la problématique d'une situation. Toute situation nous pose une question : que faire ? Cette situation n'est ni abstraite ni globale ni même homogène et donc réductible d'aucune manière à un ensemble de traits culturels transcendants. Elle est au contraire locale, concrète, hétérogène et complexe. Pour y répondre, je fais appel à ma capacité de choix et donc à mon intelligence.

X appartient à un service avec lequel nous avons des relations parfois difficiles et sans aménité. Il m'a demandé de consulter le document sur les ventes du premier trimestre élaboré dans notre service. Notre responsable de service nous a précisé que ce document ne devait pas sortir du service. Toutefois X a fait la même grande école que moi. Il m'est difficile de lui refuser. De plus, je le retrouve au groupe de travail que j'anime sur les nouveaux produits et, là, j'ai besoin de sa coopération active. Que puis-je faire dans ma situation ? Lui communiquer en lui demandant la discrétion ? Mais s'il en utilise les conclusions, mon responsable de service se doutera que la fuite vient de moi. Lui refuser ? Difficile, je dépends de lui au groupe de travail. Lui photocopier sans les conclusions ? Il faut que je trouve une solution. Mon comportement traduira ma solution à cette situation/problème.

Le management : une affaire de situations

Schéma explicatif du comportement humain plus complexe que les précédents, mais aussi plus réaliste et, in fine, beaucoup plus utile au manager et pour comprendre le comportement de ses collaborateurs et pour adapter le sien. Le bon manager, précisent P. Hersey et K. Blanchard (1969) précurseurs du management dit situationnel, est celui qui sait adapter son style de management à la situation. Chaque manager pratique le management situationnel sans le savoir, comme Monsieur Jourdain la prose : on ne se comporte pas de la même manière avec un jeune qui vient d'arriver dans le service, plein d'enthousiasme mais qui ne connaît encore rien au métier, et avec son vieux compagnon de route sur qui on peut toujours compter pour résoudre les dossiers les plus complexes. On s'adapte à la situation en adoptant des styles de management différents. On le fait simplement plus ou moins bien, souvent simplement parce qu'on se sent plus ou moins à l'aise face à telle ou telle situation. Les recommandations du management situationnel, un peu caricaturales, ont au moins un énorme mérite : nous faire comprendre que le management est avant tout une affaire de situations.

Cette analyse des comportements dans une perspective interactionniste, en termes de situation/problème, a cependant connu une moins grande diffusion que les schémas explicatifs par les traits de personnalité, les motivations ou la culture. On peut s'interroger sur les raisons du moindre succès de cette approche des comportements. Avec les approches mécanistes par les traits de personnalité ou par les motivations, beaucoup de managers espèrent trouver le moyen d'exercer leurs fonctions sans avoir à exercer de pressions sur leurs subordonnés pour obtenir les comportements désirés. Séduisant. Il suffit d'attendre que les dispositions que portent en lui l'intéressé l'amènent à exécuter son travail avec zèle, puisqu'il serait zélé ; avec conscience professionnelle, puisqu'on aurait identifié en lui la disposition à satisfaire des besoins profonds en faisant preuve de conscience professionnelle. Il n'est ainsi plus nécessaire de contrôler, inciter, dissuader, éventuellement menacer et, peut-être même,… manager.

L'individu est la donnée, la situation la variable d'action

Une seconde raison du moindre succès de l'approche par la situation/problème réside sans doute dans son aspect systémique et non mécaniste. On a affaire à un schéma d'interactions entre caractéristiques organisationnelles et réactions de l'individu. Aucune hypothèse *a priori* n'est faite sur les caractéristiques individuelles. On considère l'individu comme une donnée et la situation comme la variable. On inverse la démarche des modèles dispositionnels où l'individu est considéré comme la variable : trouver l'individu qui possède des dispositions conforment à celles requises par la situation de travail. Les entreprises sont aujourd'hui trop complexes pour qu'on puisse continuer à raisonner de manière mécanique. Un raisonnement plus systémique, tel celui que nous avons présenté dans la première partie de cet ouvrage, s'impose également pour comprendre les comportements au travail.

Enfin, dernier point, les modèles dispositionnels et culturalistes éliminent la question des relations de pouvoir, voire même servent à les masquer. Dans l'approche situation/problème, on braque au contraire les projecteurs sur cette composante de la vie dans les organisations de travail. Nous y reviendrons largement dans le chapitre 7.

CHAPITRE 5

Les comportements : des stratégies

Il semble que les approches dispositionnelles et culturalistes aient finalement oublié de prendre en compte ce qui constitue l'un des atouts et l'une des qualités essentielles de l'être humain : son intelligence. C'est pourtant sur l'intelligence des salariés qu'on compte davantage aujourd'hui pour résoudre des problèmes complexes. Alors pourquoi la sous-estimer quand il s'agit d'expliquer leurs comportements ? L'approche par les traits de personnalité fait appel à nos tendances à l'extraversion ou l'introversion, à notre stabilité ou instabilité émotionnelle, à notre tempérament sanguin ou flegmatique. On sait aujourd'hui que, au-delà de la virtuosité et de la multiplicité des mots utilisés par les psychologues, le nombre de traits de personnalité possibles et perceptibles reste limité. Ils ne suffisent pas à expliquer la diversité de nos comportements.

En revanche, face à des situations/problèmes multiples et variés, notre intelligence nous permet d'élaborer une grande diversité de comportements laissant plus ou moins apparaître, selon les cas, tempérament, traits de personnalité,... mais surtout visant plus des objectifs individuels que la satisfaction directe de besoins. Nos comportements peuvent ainsi mieux se comprendre si nous les considérons comme la solution que nous apportons aux problèmes que posent les situations auxquelles nous sommes confrontés. En ce sens, nos comportements sont stratégiques. Pour mieux comprendre cette notion de stratégie, que l'on doit à M. Crozier et E. Friedberg (1977), commençons par détailler un exemple concret.

Obtenir le meilleur rapport avantages/inconvénients

Le cas du bureau de dessin

Une entreprise de taille moyenne réalise des installations électriques pour des établissements industriels et commerciaux. Le service des Etudes est composé de deux catégories de personnel : les ingénieurs et les dessinateurs. Les premiers ont en charge la préparation des travaux à réaliser pour les clients. Les seconds, quant à eux, réalisent les plans pour le service Installation sous la responsabilité des premiers. Une fois plans et devis acceptés par les clients, le service Installation procède à l'exécution des travaux.

L'organisation du service Études en équipe

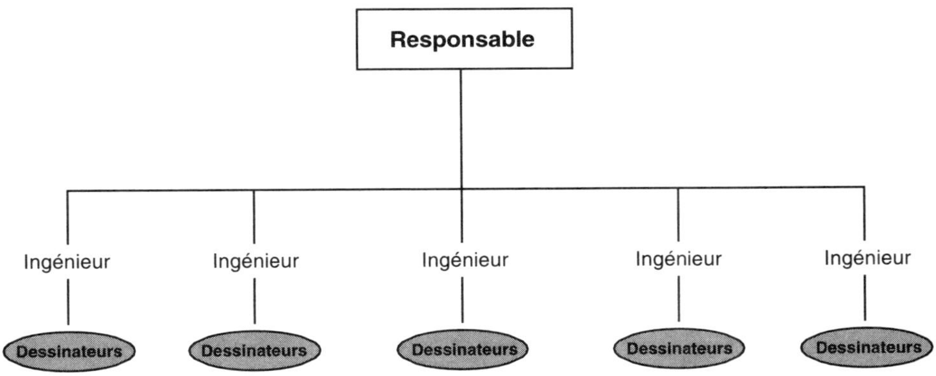

Figure 5.1.

Depuis plusieurs années, la quinzaine de dessinateurs occupe une grande salle. Bien que le service des Etudes soit organisé en équipes (cinq équipes, chacune animée par un ingénieur et composée de trois dessinateurs – voir figure 5.1.), l'emplacement de leurs tables à dessin ne les reconstitue pas. Une excellente ambiance règne dans la salle. Par exemple, aux demandes de renseignements ou de conseils d'un ingénieur, chacun répond en fonction de ses compétences et de son expertise et non en fonction de son appartenance à telle ou telle équipe. Il n'y a pas de territoires. Tous les ingénieurs, sans exception, encouragent vivement cette organisation. Ils proposent souvent d'eux-mêmes aux dessinateurs de les accompagner en déplacement pour leur permettre de connaître le cadre et les lieux des futures installations. Au cours de ces voyages, sans distinction de statuts entre ingénieurs et dessinateurs par exemple au sujet des frais de déplacement, les ingénieurs donnent aux dessinateurs toutes les explications nécessaires pour la réalisation de leurs travaux.

Cette organisation présente cependant quelques inconvénients. En particulier, les documents d'accompagnement ne sont souvent pas remplis correctement. Tout se passe oralement entre les ingénieurs et les dessinateurs. Le service Installation se plaint alors de ne pas trouver dans les dossiers tous les documents souhaités, notamment ceux relatifs aux choix techniques effectués. Par ailleurs, certains clients protestent contre le fait de ne pas avoir assez rapidement les plans et les devis. Lorsque les travaux prennent du retard, le service Installation en rejette la responsabilité sur le manque de pièces intermédiaires des dossiers instruits par le service Etudes, c'est-à-dire les ingénieurs et les dessinateurs. L'organisation est alors mise en cause. Les dossiers prennent du retard ? Pas étonnant, les dessinateurs perdent leur temps à traîner avec les ingénieurs au lieu de « tirer des traits » à leurs tables. Des pièces intermédiaires manquent dans les dossiers ? Les ingénieurs et les dessinateurs ne se donnent pas la peine de remplir correctement les dossiers sous prétexte qu'ils résolvent les problèmes techniques chez et avec les clients au cours de leurs déplacements. L'organisation du bureau de dessin laisse à désirer. En dehors du service Etudes, tout le monde en est sincèrement persuadé. Personne ne contrôle d'assez près les dessinateurs.

Un client important se plaint plus que de coutume du retard d'un dossier. La direction générale décide alors de prendre les mesures qui s'imposent : remettre de l'ordre dans le bureau de dessin. Elle convoque le responsable du service Etudes et l'autorise à embaucher un chef du bureau de dessin. Désormais, les dessinateurs resteront en salle et ne sortiront qu'exceptionnellement avec l'accord exprès du futur chef du bureau. Ce dernier organisera le travail, et notamment affectera à chacun des dessinateurs le travail demandé par les Ingénieurs selon leurs compétences et leur disponibilité. Le bureau de dessin sera ainsi organisé en pool. Les dessinateurs ne seront plus affectés à un ingénieur par petite équipe de trois, mais à un pool sous la responsabilité du chef du bureau de dessin. La direction générale attend de cette mise sous contrôle des dessinateurs et de leurs activités un supplément d'efficacité et de régularité dans leur travail.

L'organisation du service Études en pool

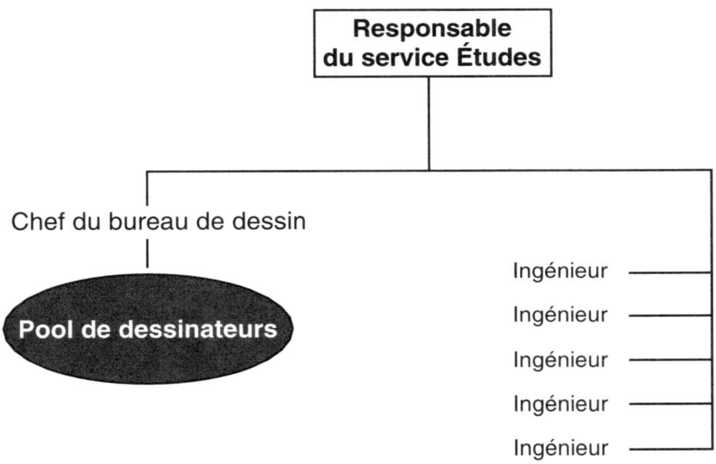

Figure 5.2.

A l'annonce de cette nouvelle organisation, les dessinateurs protestent, certains menacent même de démissionner. Le nouveau chef du bureau de dessin, très compétent et perçu comme tel y compris aux yeux des dessinateurs, prend rapidement le contrôle des opérations. Malgré les protestations fréquentes des ingénieurs, surtout au début, il n'accepte aucune demande de travail sans documents d'accompagnement. Le responsable du service Etudes lui apporte un soutien sans faille. Sa tactique porte ses fruits en trois mois. Aucun des dessinateurs ne démissionne. Le marché de l'emploi peu favorable, les salaires plutôt supérieurs à ceux proposés par les principaux concurrents et les relations de camaraderie de la salle de dessin ont un effet dissuasif.

Le chef du bureau laisse une grande autonomie aux dessinateurs à condition qu'ils respectent les délais fixés. Quand un ingénieur souhaite se faire accompagner d'un dessinateur en déplacement, il doit avoir de bons arguments pour l'obtenir. En outre, le chef du bureau donne à plusieurs reprises des conseils fort judicieux sur des projets difficiles aux dessinateurs et même aux ingénieurs. Il assoie ainsi rapidement sa légitimité au sein du bureau et, plus largement, au sein du service Études.

Seule une conception stratégique des comportements permet de comprendre la réaction des dessinateurs

Au bout d'un an, les ingénieurs se plaignent toujours d'un surcroît de travail occasionné par cette nouvelle organisation. La direction générale évoque alors la possibilité de reconstituer les équipes et d'assouplir le fonctionnement un peu rigide du bureau de dessin. A la surprise générale, et notamment des ingénieurs, les dessinateurs font savoir qu'ils préfèrent rester en pool. Ils reconnaissent volontiers que leur travail a perdu de l'intérêt en devenant plus monotone mais que, après tout, la formule a du bon : des horaires de travail fixes, des heures supplémentaires payées ou récupérées, un travail régulier et sans à-coups. La diminution des déplacements a même permis à certains de s'engager dans des activités extra-professionnelles, ce qui était parfois difficile auparavant.

Analyse du cas

Comment comprendre la réaction des dessinateurs ? D'une certaine manière, ils se comportent en bureaucrates et, contrairement à ce que laisse prévoir la hiérarchie des besoins d'A. Maslow, adoptent ce comportement avec satisfaction. Seules la dynamique situation/problème et la conception stratégique des comportements permettent de rendre compte de cette réaction.

Dans l'organisation ancienne où les dessinateurs sont affectés par équipe de trois à un ingénieur, ils jouent le jeu. Ils sont peu regardants sur leurs horaires réels de travail, donnent un « coup de collier » quand il le faut, acceptent les absences même nombreuses dues aux déplacements. En compensation, ils font un travail concret, avec des contacts fréquents, sans formalisme et, de surcroît, avec les ingénieurs qui leur donnent des « coups de main ». Dans la nouvelle organisation en pool, après les protestations d'usage face à tout changement de cette nature, les dessinateurs ont adopté un comportement « bureaucratique » qui constitue leur réponse à cette nouvelle situation : « je fais mon travail, mais seulement mon travail ; n'attendez de moi aucun effort supplémentaire sans nouvelle compensation ».

Le nouveau chef du bureau est intraitable sur les normes d'activité et le respect des délais. Il a intuitivement bien compris l'importance de cette règle du jeu, sachant que les dessinateurs détiennent le pouvoir, par exemple, de « mal comprendre les demandes », désorganisant ainsi le fonctionnement en pool. Ce faisant, chacun se montre loyal. Les dessinateurs découvrent que dans cette nouvelle situation, s'ils y perdent, ils y gagnent aussi. Pour reprendre une formule célèbre, « le bilan est globalement positif », pour eux tout au moins. En effet, il n'en va pas de même des ingénieurs soumis à un surcroît de travail, en particulier dans le domaine administratif. Quant à l'entreprise, elle y gagne une plus grande régularité dans la préparation des projets et des dossiers plus complets pour le service Installation. Le prix à payer : l'embauche du chef du bureau de dessin et des dessinateurs bureaucratisés.

Chaque situation procure des avantages et provoque des inconvénients

Chacune des deux organisations induit chez les dessinateurs des stratégies différentes : implication pour la première, réserve bureaucratique pour la seconde. Chaque stratégie apporte aux dessinateurs des avantages et des inconvénients de nature différente. Bien que chaque situation comporte des contraintes, chacune offre des degrés de liberté. Dans les deux cas, les dessinateurs utilisent ces degrés de liberté pour obtenir le meilleur rapport avantages/inconvénients par rapport à la situation. Ils découvrent finalement que dans la seconde situation, le comportement qu'ils adoptent offre à leurs yeux un meilleur rapport avantages/inconvénients.

Notons aussi que, à quelques variations près, les quinze dessinateurs réagissent de la même manière. Ces quelques variations, explicables par leurs traits de personnalité, demeurent secondaires par rapport aux stratégies communes. Pourquoi ? Nous réagissons à une situation en la percevant à travers le filtre de nos dispositions. Face à un problème particulier, l'interaction situation/dispositions se traduit par un système de préférences qui nous est propre, mais ne se distingue que par des différences marginales du système de préférences des individus dans une situation identique à la nôtre. Ceci explique que les stratégies adoptées par des individus confrontés à la même situation soient proches, comme celles des dessinateurs. Du point de vue du management, cet aspect stratégique des comportements importe beaucoup plus, dans ses conséquences sur l'efficacité des organisations, que les différences de comportement dues aux dispositions intra-psychiques telles que les traits de personnalité.

L'individu est rationnel, mais sa rationalité est limitée

Pour comprendre un comportement, le sien, celui d'un collaborateur, d'un collègue, d'un supérieur,… il faut avant tout partir de la règle suivante : tout comportement est toujours rationnel pour celui qui l'adopte. Se comporter comme il le fait est, de son point de vue, ce qu'il a de mieux à faire pour résoudre le problème auquel il est confronté. Qualifier un comportement d'absurde, c'est simplement avancer qu'on n'arrive pas à reconstituer la rationalité de son auteur.

Tout comportement est toujours rationnel pour celui qui l'adopte.

Le directeur d'une entreprise de services met en place une nouvelle organisation polyvalente qui enrichit considérablement le travail des agents affectés jusque-là à des postes très spécialisés. Ces derniers « montent au créneau » *via* le canal syndical. Le projet est rejeté de manière virulente en Comité d'Entreprise et le directeur se voit contraint de le retirer. De bonne foi, il déclare : « c'est kafkaïen ; je leur ouvre la porte de leur prison et ils ne veulent pas sortir. Je ne comprends pas ». Victime du mécanisme psychologique de la projection (attribution aux autres de sa propre vision du monde), le directeur juge irrationnel, voire stupide, le comportement des agents sans se donner la peine de reconstituer leur rationalité. De leur point de vue, les agents ont pourtant toutes les bonnes raisons du monde de rejeter ce projet : « demain avec la polyvalence, notre travail devient plus intéressant, mais on est interchangeable et donc on peut nous virer ; je n'arriverai jamais à faire tout ça, même avec la formation prévue ; nous sommes de vrais professionnels, nous possédons chacun de véritables savoir-faire et on se respecte entre nous, alors la polyvalence… vous connaissez le proverbe : bon à tout, bon à rien ».

Des managers, croyant sincèrement faire le bien de leurs collaborateurs en faisant évoluer leur situation de travail comme ce directeur, aboutissent trop fréquemment à la conclusion suivante : l'irrationalité, la mauvaise foi, l'imbécillité ou encore la bêtise de leurs collaborateurs.

Comportement rationnel et comportement raisonnable

Pour éviter de rester dans l'expectative chaque fois qu'un individu ne se comporte pas conformément à ce qu'on attend de lui et se réfugier trop rapidement dans les explications dispositionnelles (il est comme ceci ou comme cela, je le savais bien ; je n'arriverai jamais à tirer quelque chose de lui ; on ne fait pas boire un âne qui n'a pas soif), ou encore qualifier son comportement d'irrationnel parce qu'il n'est pas cohérent avec ce qu'on avait prévu, la distinction entre comportement raisonnable et rationnel est très utile. Lorsque je juge un comportement irrationnel, je devrais en fait le qualifier de non raisonnable : son auteur ne partage pas la même rationalité que moi.

Mais attention, le qualificatif rationnel ne vise pas ici à rendre compte des comportements théoriques du microéconomiste (ce que l'individu aurait dû faire pour optimiser les moyens aux fins) mais plutôt de comportements réels, observables,... ceux que l'individu adopte, non pas en laboratoire et dans l'absolu, mais de fait dans sa vie de tous les jours face à des situations concrètes et particulières (ce qu'il a réellement fait pour résoudre le problème que lui posait la situation). H.A. Simon (1947) a qualifié cette rationalité de limitée. Nous sommes rationnels dans la mesure où le comportement que nous adoptons est notre solution au problème induit par la situation dans laquelle nous nous trouvons et, de notre point de vue, c'est la meilleure manière d'atteindre nos objectifs en fonction des moyens à notre disposition. Mais notre rationalité est limitée parce que nous ne sommes pas des « optimisateurs » au sens de la microéconomie, c'est-à-dire que nous sommes dans l'incapacité d'une part, de rechercher exhaustivement l'ensemble des solutions possibles au problème posé par la situation et, d'autre part, d'évaluer chacune d'elles et de sélectionner la meilleure. En fait, face à un problème donné, nous repérons un certain nombre de solutions envisageables, le plus souvent en puisant dans notre expérience acquise dans des situations similaires, et sélectionnons la première solution satisfaisante à nos yeux.

Nous agissons dans des situations d'ignorance partielle

Notre rationalité est doublement limitée : par les caractéristiques des situations organisationnelles auxquelles nous avons à faire face, mais également par des caractéristiques individuelles. Nous n'avons qu'une perception partielle, tronquée, incomplète de notre environnement. Qui peut connaître son environnement organisationnel dans sa totalité ? Des zones d'ignorance, des terres inconnues demeurent pour tous. Même le directeur général le plus soucieux, puissant et attentif ne peut tout savoir de son empire. Nous agissons ainsi dans des situations d'ignorance partielle : nous avons certaines informations, d'autres nous manquent. Il y a plusieurs raisons à cela.

D'abord, tout n'est pas connu. Les environnements de nos entreprises sont incertains. Ils l'ont toujours été, mais le sont de plus en plus. La mondialisation de l'économie, par exemple, génère beaucoup d'incertitude.

Une grande entreprise agroalimentaire a des concurrents de l'autre côté de la planète dont le service marketing ignore le nom et parfois même l'existence. L'entreprise constate pourtant que sur ces marchés elle perd brutalement des parts de marché. Elle découvre alors l'existence de ces nouveaux concurrents *a posteriori*, une fois la stratégie marketing définie. Mais c'est trop tard. Les choix marketing ont été faits en situation d'ignorance partielle.

Le management : un métier plus d'action que de réflexion

Ensuite, nous sommes le plus souvent contraints d'agir dans l'urgence. Quand bien même nous pourrions accumuler l'ensemble des informations nécessaires à la prise de décision, nous n'aurions pas le temps de toutes les traiter. Les problèmes sont souvent à résoudre la veille pour le lendemain. H. Mintzberg (1973) montre que le management est beaucoup plus un métier d'action que de réflexion. Sollicité de toute part, le manager a peu de temps pour réfléchir dans le courant d'une journée. Les problèmes à résoudre sont en outre parfois tellement complexes que même le chercheur le plus avancé sur le sujet en question ne peut pas dire quoi faire avec certitude. La prise de décision relève souvent plus du pari que d'un calcul scientifique sans faille. Sans quoi, les managers, leur expérience, leur bon sens, leur intuition,... seraient inutiles. Les entreprises seraient d'immenses salles de calcul remplies d'ordinateurs.

Enfin, les rôles de chacun et la divergence des objectifs au sein d'une organisation sont des limites non négligeables, parfois les plus importantes, à la rationalité. Certains individus, parties prenantes à la résolution d'un problème, ont trop intérêt à préserver des zones d'ignorance, sources pour eux de pouvoir, pour qu'il en soit autrement.

« Le développement de ce nouveau prototype est primordial pour mon évolution de carrière. J'y travaille depuis deux ans et je sens que le produit rencontrera un franc succès. Mais, si j'affiche le coût de revient réel, la direction ne voudra jamais lancer le développement. A coup sûr, elle trouvera cela trop risqué. Alors je triche un peu dans mon rapport. Une fois la décision prise, j'arriverai toujours le moment venu à faire suffisamment pression sur l'usine pour que « ça passe ». Et puis l'important, c'est que le développement commence. Une fois commencé, j'imagine mal qu'on revienne en arrière. »

Notre rationalité est cognitivement, socialement et affectivement limitée

Les limites à la rationalité se situent aussi dans nos têtes. Nous ne sommes pas des ordinateurs ultra puissants et a-historiques. Nos capacités cognitives limitent nos possibilités de calcul, ne nous donnent pas la possibilité de nous représenter mentalement des systèmes avec un nombre très importants de variables,... Autant de facteurs ne nous permettant pas d'appréhender la réalité dans toute sa complexité et nous obligeant à la simplifier, parfois à l'extrême, pour pouvoir agir. Mais nos capacités cognitives ne sont pas les seules limites à notre rationalité.

Cette dernière est aussi socialement limitée. Qu'est-ce que cela veut dire ? Nos origines, notre trajectoire, nos expériences et notre position sociales façonnent également notre rationalité. Nous avons chacun une paire de lunettes sur le nez, ce que le sociologue P. Bourdieu (1992) appelle de manière plus savante *habitus*, système de dispositions sociales acquises produit de notre histoire. Ces dispositions sociales préstructurent notre vision du monde et nos comportements. Notre système de préférences, ce à quoi nous croyons et attachons de la valeur, dépendent aussi du milieu social auquel nous appartenons.

Enfin, nos émotions sont également des limites à notre rationalité. Il y a des choses que nous ne voulons pas voir, des choses que nous ne pouvons pas faire. Même si nous pouvons aller contre nature, nous ne sommes pas des ordinateurs sans cœur. Sauf cas extrêmes, nos émotions ne nous empêchent pas d'être rationnels, elles limitent l'éventail des solutions envisageables parce que certaines ne sont pas affectivement possibles, elles nous conduisent à écarter telle ou telle alternative parce que trop coûteuse psychologiquement,... Comme pour nos motivations, nous ne sommes pas esclaves de nos émotions. Un courant important et prometteur de recherche sur l'intelligence émotionnelle qui se développe actuellement (D. Goleman, 1985) montre que, si nos émotions limitent bien notre rationalité, elles sont aussi d'importantes ressources pour l'action. Il en va de même pour toutes les autres limites à la rationalité qui se situent dans nos têtes. Nos dispositions en tout genre (psychologiques, sociales,...) limitent bien notre rationalité, mais rendent aussi l'action possible. Elles sont en effet des mises en garde « intuitives » qui, dès le départ, permettent de circonscrire le champ de la décision en éliminant certaines options et en en valorisant d'autres. Sans elles nous aurions l'embarras du choix mais serions incapables de prendre une décision :

- parce que le nombre d'alternatives serait bien souvent trop important ;
- faute d'un système de préférences propre permettant une hiérarchisation et donc un choix.

La rationalité des salariés est limitée par des facteurs contextuels (incertitude, urgence, complexité, rôle et divergence des objectifs) mais également par des caractéristiques individuelles

Notre rationalité est limitée par des facteurs contextuels et des caractéristiques individuelles

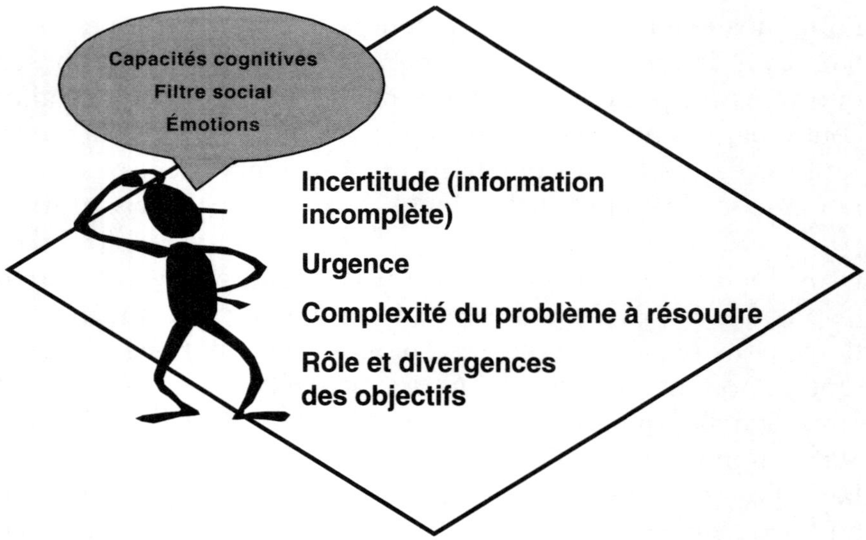

Figure 5.3.

(capacités cognitives, dispositions sociales, émotions). Par ailleurs, du fait du pouvoir qu'ils possèdent, ils ont bien souvent les moyens de ne pas se comporter de manière raisonnable du point de vue de ceux qui les managent. Parce que dans une organisation les rationalités sont multiples, pour une partie convergentes mais aussi nécessairement divergentes pour une autre, les comportements sont rationnels mais, selon les points de vue, non raisonnables. D'ailleurs, comme le souligne F. Pavé (1992), c'est parce que managers et managés agissent selon le modèle de la rationalité limitée, c'est-à-dire perçoivent une même situation de manière différente et adoptent des solutions seulement satisfaisantes et non optimales, parfois même *a minima*, qu'ils peuvent et sont obligés de négocier en de multiples occasions.

Les situations organisationnelles sont des situations de négociation

Négocier, c'est en effet renoncer à l'optimum du modèle rationnel des microéconomistes. Les situations organisationnelles sont ainsi des situations de négociation parce qu'il reste toujours quelque part du grain à moudre. La notion de « slack organisationnel », présentée dans le chapitre 8, permettra de comprendre comment les organisations fonctionnent de manière non optimale. J. Rojot (1994) tire trois enseignements de l'idée de rationalité limitée pour la négociation que l'on peut facilement généraliser à l'ensemble des situations de management et recommander au manager comme des mises en garde :

1. Dans une situation où vous êtes impliqués avec vos collaborateurs pour résoudre ensemble un problème donné, il n'y a aucune raison pour que vous voyiez tous la situation de la même manière ;
2. Face à une situation, vos collaborateurs agissent dans le cadre des limites de leur rationalité en fonction de leur propre perception de la situation et de leur propre intérêt, en fonction aussi de critères dont ils sont plus ou moins conscients et dont, par définition, vous-mêmes êtes encore beaucoup moins ;
3. Tant que votre rationalité ne sera pas taillée à la mesure des limites de celle de vos collaborateurs, elle ne suffira souvent pas à les faire sortir des limites de leur propre rationalité, aussi persuasif que vous puissiez être.

On pourrait en rajouter une quatrième, et non des moindres : donner à un collaborateur, ou même à un supérieur, des informations sur son environnement pour lui permettre d'accroître son « aire de rationalité » compte tenu de sa rationalité limitée, constitue une fonction essentielle du rôle du manager, un moyen d'action efficace grâce à une influence qui peut être grande. La difficulté d'exercer cette influence vient de ce que se laisser influencer implique de reconnaître du pouvoir à celui qui vous influence, éventuellement même un pouvoir élevé. Une autre difficulté vient du fait que, accroître « l'aire de rationalité » d'un de ses collaborateurs, revient le plus souvent à lui attribuer plus de pouvoir.

Des stratégies selon les situations

M. Crozier et E. Friedberg (1977) utilisent le terme d'acteur et non d'individu ou d'agent pour désigner les membres d'une organisation. Pourquoi ? Ils veulent signifier par-là que nos comportements stratégiques sont des choix : en nous comportant de telle manière, nous choisissons d'agir d'une certaine façon. Se montrer attentiste, passif, en faire le moins possible, constituent notre réponse active, élaborée, celle que nous jugeons la meilleure possible dans la situation telle que nous la percevons à travers le prisme de notre rationalité limitée. Reconnaître que notre comportement traduit une stratégie implique au moins deux choses. D'une part, nous poursuivons des objectifs propres et, pour ce faire, toute organisation aussi formalisée soit-elle nous laisse toujours, au sein d'un espace de contraintes, une relative liberté pour exprimer nos préférences entre plusieurs alternatives. D'autre part, nous portons la responsabilité de nos comportements. Appréhender les comportements comme des stratégies a pour corollaire de reconnaître à l'acteur la responsabilité de ses actes, là où les théories dispositionnelles tendent trop souvent à le déresponsabiliser. On peut

Appréhender les comportements comme des stratégies a pour corollaire de reconnaître à l'acteur la responsabilité de ses actes, là où les théories dispositionnelles tendent trop souvent à le déresponsabiliser.

regrouper les comportements en deux grandes catégories stratégiques : défensifs ou offensifs.

Stratégie défensive

Il est question de répartir autrement les activités dans le service : on retirerait à Y les relations avec le service du personnel (absences, effectifs, remboursements de Sécurité Sociale et de mutuelle,...). Pour Y, c'est primordial : possibilités de circuler dans la maison, de rendre service aux collègues, d'obtenir et de diffuser des informations sur les primes, les augmentations,... Y proteste car selon sa rationalité, il y perd. Sa stratégie va consister à expliquer au responsable du service combien cette activité présente de difficultés, d'exigences et de discrétion, d'expérience des subtilités bureaucratiques des caisses de Sécurité Sociale,... A la réflexion, Y essaiera de se trouver un allié auprès du responsable du service du personnel pour qu'il intervienne en sa faveur et demande qu'on lui conserve cette responsabilité.

Stratégie offensive

Dans d'autres contextes, les acteurs choisiront des comportements offensifs. On peut regrouper ceux-ci à nouveau en deux catégories : les marchandages et les investissements.

X, technicien du service Electricité, apprend qu'un contrat d'installation vient d'être signé avec une firme du sud de la France située dans un lieu très isolé. Il faudra un technicien pendant trois mois sur place. Tous ses collègues ont exprimé une certaine réticence à effectuer cette mission, les déplacements n'ayant lieu habituellement que dans un rayon de cent kilomètres et ne durant que deux ou trois jours. X a connaissance de l'embarras de la direction. Qui envoyer ? A quelles conditions ? Compte tenu des risques commerciaux, il est difficile de forcer quelqu'un à accepter. X fait partie des techniciens capables d'effectuer la mission. Quelle va être sa stratégie de marchandage ? Il propose au responsable du service Electricité d'assurer la mission en restant sur place et en ne revenant chez lui que toutes les trois semaines, mais à condition d'obtenir une promotion et une mutation dans une autre usine du groupe. A la limite, il cèdera sur la promotion, mais pas sur la mutation.

Combien de fois un manager ne recourt-il pas, de son côté, à cette stratégie de marchandage pour obtenir quelque chose d'un de ses collaborateurs : échanger l'exécution d'une tâche, la responsabilité d'une activité,... contre ce que son collaborateur considère comme un avantage supplémentaire ? Une condition essentielle de réussite de cette démarche suppose pour le manager de bien avoir identifié cet avantage. Pour ce faire, il faudra avoir repéré ce que ses collaborateurs considèrent être comme des enjeux dans leur situation de travail, notion sur laquelle nous reviendrons dans le chapitre suivant. En effet, une des difficultés de la démarche réside dans le fait de ne pas confondre la contribution demandée et l'enjeu permettant l'échange.

Toutes les situations ne sont pas favorables aux stratégies d'investissement

Enfin, il existe un autre type de comportements offensifs, souvent typique du comportement des cadres : la stratégie d'investissement. Les cadres, en revanche, font trop souvent l'erreur d'attendre de leurs collaborateurs non-cadres une stratégie de même nature, oubliant qu'ils ne se trouvent pas, détail capital, dans une situation de cadre comparable à la leur. Investir consiste d'abord à considérer une situation comme favorable à cette stratégie. On accepte dans l'immédiat une période où on va perdre, où on risque quelque chose avec toute l'incertitude que cela représente, en faisant le pari qu'on y gagnera à terme. Pourquoi dit-on de quelqu'un qu'il se comporte comme un cadre ? Parce qu'il accepte des efforts et des contraintes supplémentaires sans (trop) rechigner. Pour lundi matin, on a besoin d'un rapport demandé seulement ce vendredi après-midi par le président. On sait bien que V va passer son week-end à le rédiger et, effectivement, V, au lieu de jouer au tennis samedi avec des amis, d'aller déjeuner dans une auberge avec sa femme dimanche,... passera deux jours et une partie de ses nuits à écrire le rapport. Il aura investi. Dans cette situation, accepter ce travail correspond à un bon investissement : se faire remarquer par le président grâce à un rapport sur un sujet qu'il connaît parfaitement, se constituer un élément supplémentaire de négociation avec son directeur de division pour l'entretien annuel.

Contrairement au marchandage, dans l'investissement, on remet à plus tard un échange qu'on espère largement compensateur. Toutefois, on obtiendra ce comportement seulement dans une situation propice, crédible, prometteuse, engageante pour une stratégie d'investissement dans la mesure où les inconvénients sont certains et immédiats, les compensations, quant à elles, futures et seulement probables. Naturellement, plus on estimera cette probabilité élevée, plus on se montrera investisseur dans ses stratégies. Les cadres ont des positions dans les entreprises les encourageant à ces réactions notamment grâce aux opportunités de carrière. Si elles diminuent, ce qui est le cas dans un nombre de plus en plus important d'entreprises aujourd'hui, ou si l'investissement devient disproportionné (déménagements fréquents dus à des mobilités géographiques, horaires à rallonge, responsabilités trop lourdes,...), alors les cadres marchandent. Ils jouent la rétribution immédiate, plutôt que la rétribution différée, souvent avec plus d'habilité qu'un technicien ou qu'un opérateur.

La culture populaire n'est pas très favorable aux stratégies d'investissement

Il faut pour conclure constater que les proverbes de la sagesse des nations n'incitent pas beaucoup à des comportements

…ux grands types de stratégies

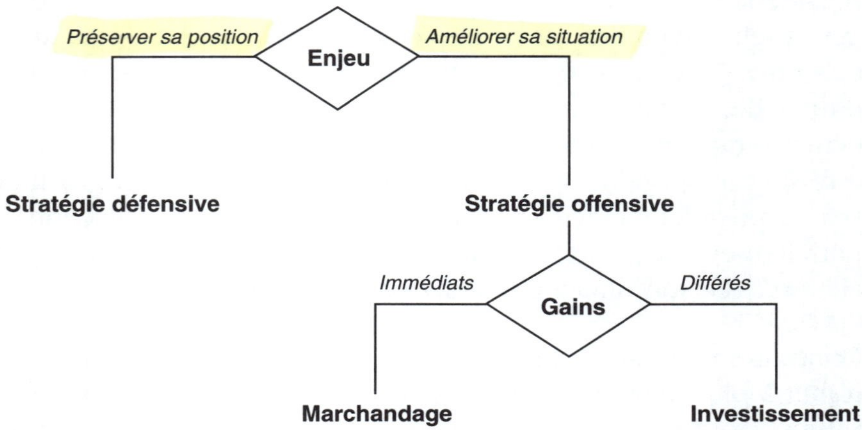

Figure 5.4.

d'investissement : un tiens vaut mieux que deux tu l'auras, pierre qui roule n'amasse pas mousse, dans le doute abstiens-toi,… Devant cette constance de la culture populaire peu favorable aux comportements d'investissement, les entreprises ont à faire la preuve qu'on a raison de s'y comporter en investisseur en leur sein. A elles de développer une culture d'entreprise crédible garantissant qu'à tout effort supplémentaire, un jour apporte sa compensation. Cela reste vrai pour les cadres, mais cela le devient également pour ceux qui ne le sont pas. C'est par exemple un enjeu important du management par les compétences à la mode en ce moment. Quelles bonnes raisons les salariés auraient-ils d'investir dans leurs compétences ? Que gagneront-ils au développement de leurs compétences ? De l'employabilité ? Est-ce suffisant à leurs yeux selon leur rationalité ? Le jeu en vaut-il la chandelle ? Du salaire, de la qualification, des possibilités d'évolution professionnelle,…

Pour devenir effectif, c'est-à-dire permettre de véritables stratégies d'investissement, le management par les compétences ne peut souvent faire l'économie d'une réflexion complémentaire sur le volet des rétributions, différées ou immédiates, matérielles ou immatérielles. Tant que des réponses concrètes ne sont pas apportées à ces questions, il reste un vœu pieux, malgré les déclarations d'intention et les slogans managériaux.

La dynamique enjeux/ressources/contraintes

Le comportement d'un acteur est sa réponse au problème que lui pose la situation à laquelle il est confronté : c'est une adaptation active et raisonnable à un ensemble de contraintes et d'opportunités perçues dans un contexte d'action donné. A ce stade deux notions sont essentielles pour aller plus loin : la notion d'enjeu et celle de pouvoir.

Un comportement a une finalité, vise un ou des buts : sauvegarder, acquérir, défendre, obtenir ce que l'acteur considère comme un enjeu de la situation. Cet enjeu provient de son environnement organisationnel, il est induit directement ou indirectement par les caractéristiques organisationnelles résultant des interactions entre les différents composants du système organisation : telle place dans l'atelier ou le service, l'accès à tel document, l'affectation à un poste, une mutation, le respect d'un délai de réalisation, un projet de développement professionnel,… Les enjeux sont concrets, contingents, opérationnels, situés dans le temps et liés à la position ou au rôle de l'acteur.

Ils changent en fonction même des modifications de l'environnement : changements imposés, subis par l'acteur, ou au contraire induits et occasionnés par ses comportements. Ces changements peuvent provenir de transformations effectives de l'environnement, mais aussi consister en changements de perception de l'environnement par le prisme de notre rationalité limitée. Passer d'un poste à un autre, être promu ou muté, dépendre d'un nouveau supérieur hiérarchique, parvenir à modifier ma fonction, les objectifs assignés à mon service,... modifient mon environnement. Après l'entretien annuel, après avoir pris connaissance d'une note de service, reçu un coup de téléphone d'un collègue au cours duquel il m'apprend un incident important entre le directeur commercial et le directeur marketing,... je peux percevoir autrement mon environnement : ses contraintes, mais aussi ses opportunités. D'autres enjeux possibles, anciens et oubliés pourront alors devenir primordiaux ; ou bien j'aurai simplement eu confirmation de ma situation et de ses enjeux tels que je les avais présent à l'esprit.

Des enjeux à la fois convergents et divergents

Mais face au problème que me pose une situation, je suis rarement seul. Je suis au contraire le plus souvent en situation de pouvoir et de dépendance par rapport à d'autres acteurs ou groupes d'acteurs. Pour résoudre mon problème, obtenir ce que je considère être les enjeux de cette situation, j'ai besoin d'untel et d'untel. Le problème : nos positions et nos rôles sont différents et, nos rationalités étant limitées, nous ne percevons pas la situation de la même manière, nous ne poursuivons pas les mêmes objectifs et n'accordons pas la même importance aux choses. Les enjeux de la situation dans laquelle il nous faut coopérer pour résoudre ensemble le problème ne sont pas les mêmes pour chacun d'entre nous. Ils sont le plus souvent à la fois convergents (nous avons intérêt à nous réunir pour résoudre ce problème que nous ne pourrions résoudre seuls chacun de notre côté) et divergents (si nous adoptons telle solution, je vais gagner plus que si nous adoptons telle autre ; mon collègue, quant à lui, aurait plutôt intérêt à ce que nous adoptions cette dernière parce qu'il y gagnerait plus).

On a souvent intérêt à être ensemble pour résoudre un problème organisationnel (parfois on ne peut faire autrement), en revanche nos intérêts divergent le plus souvent sur les solutions à retenir ou sur leurs modalités de mise en œuvre simplement parce que chacune d'elles ne comporte pas les mêmes enjeux pour nous. Dans toute organisation, les acteurs en présence sont le plus souvent à la fois partenaires et adversaires.

Mon comportement vise à obtenir ce que je considère être les enjeux de la situation dans laquelle je me trouve en fonction des ressources à ma disposition et des contraintes avec lesquelles je dois composer

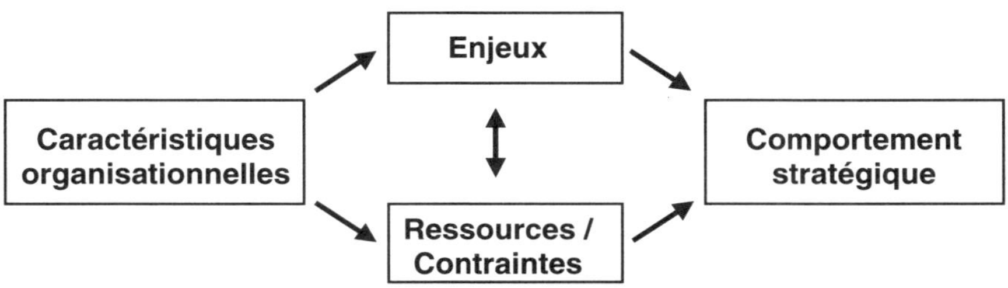

Figure 5.5.

Pour influer sur la solution qui lui serait la plus profitable, chacun a entre les mains un certain nombre d'atouts : ce sont ses ressources. Les atouts des autres parties prenantes sont des contraintes. Les situations de coopération sont des situations de pouvoir (ma capacité à influer sur le comportement des autres) et de dépendance (la capacité des autres à influer sur mon propre comportement). Ma perception de l'environnement, ma situation face à cet environnement avec ses composantes de pouvoir et de dépendance, vont aussi m'influencer dans la sélection des enjeux que je retiendrai. Pour retenir un enjeu de carrière, encore faut-il que j'estime en avoir l'opportunité et suffisamment de pouvoir pour adopter un comportement stratégique du type conscience professionnelle élevée dans mon travail, disponibilité pour toutes les tâches fastidieuses refusées par les collègues,...

Les facteurs de pouvoir peuvent ainsi devenir des enjeux intermédiaires car ils me donnent accès à toute une gamme d'autres enjeux et à une plus grande liberté dans leur choix, ce qui est la nature même du pouvoir. Au total, mon comportement est stratégique dans la mesure où il vise à obtenir ou éviter ce que je considère être les enjeux de la situation dans laquelle je me trouve en fonction des ressources à ma disposition et des contraintes avec lesquelles je dois composer : enjeux, contraintes et ressources étant définis par la situation dans laquelle je me trouve, c'est-à-dire induits directement ou indirectement par les caractéristiques organisationnelles, traduction au niveau de la situation des interactions entre les différents composants du système organisation.

L'exemple d'une entreprise de haute technologie : le cas des commerciaux

La direction générale d'une entreprise de haute technologie constate un problème récurrent dans chacune de ses divisions : le montant de chiffre d'affaires réalisé par les commerciaux avec les nouvelles versions de produits n'est jamais à la hauteur des prévisions faites par le marketing dans les business plans. Les écarts sont suffisamment importants pour qu'elle se préoccupe du problème. Depuis quelques années déjà, l'entreprise a adopté une structure divisionnelle. Elle comporte deux divisions regroupant chacune des produits autour d'une même technologie. Les divisions sont composées du développement, du marketing et de la production, mais ne vendent pas : les ventes sont réalisées par la direction commerciale, organisée quant à elle par marchés (marchés nationaux et marchés internationaux), indépendante des deux divisions et rattachée directement à la direction générale. Pourquoi une telle structure ? Parce que, sur les marchés de cette entreprise de haute technologie, les clients n'achètent plus seulement des produits, mais recherchent de plus en plus des solutions globales. La problématique stratégique de l'entreprise : passer d'une offre produits à une offre systèmes composée de produits de technologies différentes pouvant appartenir à chacune des deux divisions. Cette entreprise de haute technologie respecte bien le principe de la contingence : dans ces conditions une direction commerciale indépendante des deux divisions est un choix de structure tout à fait logique compte tenu des objectifs poursuivis.

Les commerciaux sont rémunérés à la commande. Comment comprendre qu'ils ne vendent pas les nouvelles versions de produits, au moins pas à la hauteur des prévisions faites par le marketing ? Quels sont les enjeux de la situation pour eux ? « Faire du chiffre » pour toucher le commissionnement le plus important possible, bien sûr, mais aussi satisfaire leurs clients pour les fidéliser. A ce stade apparaît un premier élément d'explication de leur comportement. Pourquoi ? Les nouvelles versions de produits arrivent fréquemment en retard et cela devient une habitude : entre le moment où elles sont annoncées au catalogue et celui où elles sont réellement disponibles, il peut se passer quelques semaines dans le meilleur des cas, plusieurs mois dans le moins bon. En outre, elles ne sont pas toujours très fiables : elles tombent plus facilement en panne que les versions stabilisées, les réglages à faire sont fréquents,... Les produits en fin de vie sont ainsi bien plus faciles à vendre pour les commerciaux : ils les connaissent, sont rôdés et sont disponibles. En proposant à leurs clients des produits avec lesquels ils sont familiarisés, c'est-à-dire dont ils maîtrisent l'argumentaire commercial, ils sont en plus certains d'avoir des produits fiables en temps et en heure. Ils maximisent ainsi leur chance de ne pas décevoir leurs clients et donc de les fidéliser. Enfin, du point de vue de leur commissionnement, tous les produits se valent : peu importe de vendre des versions nouvelles ou anciennes, l'important est le volume de commandes réalisé.

Les commerciaux sont seuls à être en relation directe avec les clients

Pour comprendre comment ce comportement stratégique est possible, il faut cependant prendre en considération une autre dimension de la situation : les ressources des commerciaux, c'est-à-dire le pouvoir qu'ils possèdent sur le marketing. Pourquoi le marketing ne peut faire autrement que de les laisser jouer à ce petit jeu ? Essentiellement parce que dans l'entreprise, les commerciaux sont seuls à être en relation directe avec les clients. Le marketing ne connaît le marché qu'à travers les études d'organismes spécialisés. Les commerciaux peuvent ainsi lui rétorquer qu'il n'a pas bien analysé le marché, que ses prévisions sont fausses et que, de surcroît, n'ayant pas toujours été ni associés ni même consultés lors du développement des nouvelles versions de produits (la culture de cette entreprise est très technique, le développement des nouveaux produits est une activité noble réservée aux labos, au marketing et dans une moindre mesure à la production), telle ou telle nouvelle version ne correspond pas à un réel besoin, en tout cas pas plus que l'ancienne. Les commerciaux « mauvaises langues » vont même jusqu'à laisser entendre que le marketing « gonfle » ses prévisions dans les business plans pour convaincre la direction générale de lancer le développement de telle ou telle nouvelle version. Garder le monopole de la connaissance du marché devient ainsi un autre enjeu de la situation pour les commerciaux, et non des moindres, dans la mesure où il leur donne accès aux autres enjeux et à une plus grande liberté dans les versions qu'ils proposent à leurs clients.

Les commerciaux se battent alors en toutes occasions pour garder la plus grande étanchéité entre divisions et direction commerciale. La culture d'entreprise très technique ne leur est *a priori* pas très favorable, mais ils ont appris à faire avec celle-ci. Ils ont par exemple bien compris que, dans ces conditions, ils avaient bien plus à perdre qu'à gagner à être impliqués davantage dans le développement des nouvelles versions de produits. En être écartés est une contrainte dans certaines situations, mais aussi une sacrée ressource dans d'autres. Que font-ils alors ? Ils jouent de leur statut de roturiers en ne faisant pas grand-chose pour intervenir dans le processus, même quand un chef produits bien intentionné leur demande, tout en s'offusquant de n'y être associé à aucun moment.

CHAPITRE 6

Repérer et évaluer les enjeux d'une situation

ENJEU : « ce que l'on peut gagner ou perdre » dit Le Robert. Les enjeux d'une situation sont les caractéristiques de cette dernière auxquelles j'attache de l'importance parce qu'elles m'apportent des avantages ou m'occasionnent des inconvénients. Dans toute situation de travail, de celle du directeur général à celle de l'opérateur le moins qualifié, il y a des choses qu'on fait avec plaisir et d'autres qui nous coûtent. Les enjeux d'une situation de travail stimulent les facteurs de motivation, sources de satisfaction ou d'insatisfaction. Contrairement aux besoins abstraits et généraux de la théorie des motivations, les enjeux sont concrets et particuliers à une situation. Ils sont ainsi plus utiles aux managers pour agir sur le comportement des salariés. Un retour à la notion de motivation est cependant nécessaire pour mieux comprendre celle d'enjeu.

Retour à la notion de motivation

Parmi les théories de la motivation, celle de F. Herzberg (1966) va au-delà de la recherche d'une typologie idéale de besoins à satisfaire, telle celle de A. Maslow, pour aborder la question des objets de motivation au travail. Il montre que la motivation au travail ne peut pas être considérée comme un cas particulier de la motivation à agir dans l'absolu, et qu'un détour par la situation de travail est indispensable. Ce sont certaines des caractéristiques de la situation de travail qui, à travers les comportements qu'elles requièrent de la part de son titulaire, stimulent des facteurs de motivation procurant satisfaction ou au contraire provoquant insatisfaction.

Facteurs de motivation intrinsèques et extrinsèques

On différencie couramment les facteurs de motivation dits « intrinsèques », qui se situent à l'intérieur de l'individu (la fierté d'avoir atteint voire dépassé ses objectifs, le plaisir du travail bien fait, la satisfaction de « faire marcher ses méninges » au travail,...), des facteurs de motivation dits « extrinsèques » qui, quant à eux, correspondent à des données de contexte et d'environnement (salaire, carrière, statut social, sécurité de l'emploi,...). La satisfaction procurée par les premiers provient du travail lui-même, c'est-à-dire de son exécution et de ses conditions d'exercice, alors que celle procurée par les seconds est due à l'obtention d'une « rétribution » extérieure au travail à proprement parler. Pour F. Herzberg, seuls les facteurs intrinsèques seraient motivants. Les facteurs extrinsèques, lorsque absents, ne pourraient, eux, qu'être démotivants. Sa thèse est la suivante :

- les facteurs extrinsèques doivent être satisfaits pour ne pas démotiver, mais une fois satisfaits, ils ne motivent pas pour autant ;
- et inversement pour les facteurs intrinsèques : satisfaits, ils motivent, mais ne démotivent pas forcément dans le cas contraire.

Des recherches ultérieures (N. King, 1970) ont largement remis en cause ce dernier résultat en montrant que les facteurs extrinsèques contribuent tout autant à la satisfaction au travail – et à l'insatisfaction- que les facteurs intrinsèques. Ces catégories de facteurs de motivation sont toutes les deux sources potentielles de satisfactions et d'insatisfactions au travail.

L'environnement joue un rôle mécanique soumettant l'individu à sa situation de travail

Malgré ces compléments, la théorie des motivations continue à présenter de sérieuses limites pour expliquer les comportements au travail, en particulier parce qu'elle présuppose trop facilement que l'environnement joue un rôle mécanique soumettant l'individu à sa situation de travail : l'individu ressent des besoins, sa situation de travail comprend telle ou telle caractéristique qui y répond, il adopte donc le comportement qui les satisfait. La boucle est bouclée. On peut d'autant moins se satisfaire de ce déterminisme simple entre besoin et comportement au travail que, dans les organisations du travail actuelles (postes enrichis, groupes autonomes,...), ce que l'individu gagne en autonomie, il le gagne aussi en degré de liberté vis-à-vis de l'organisation. Ce gain a une double conséquence. D'une part, dans une situation donnée, plusieurs options se présentent à lui : un choix s'impose. C'est justement parce qu'on estime qu'il est le mieux placé pour le faire qu'on lui accorde un degré d'autonomie plus important. D'autre part, nous y viendrons longuement dans le chapitre suivant, cette autonomie lui confère un pouvoir qui lui donnera véritablement les moyens d'effectuer son propre choix en rapprochant le contenu des alternatives organisationnelles à celui de ses motivations propres.

La motivation est stimulée par des facteurs intrinsèques (qui se situent à l'intérieur de l'individu) et des facteurs extrinsèques (qui correspondent à des données d'environnement)

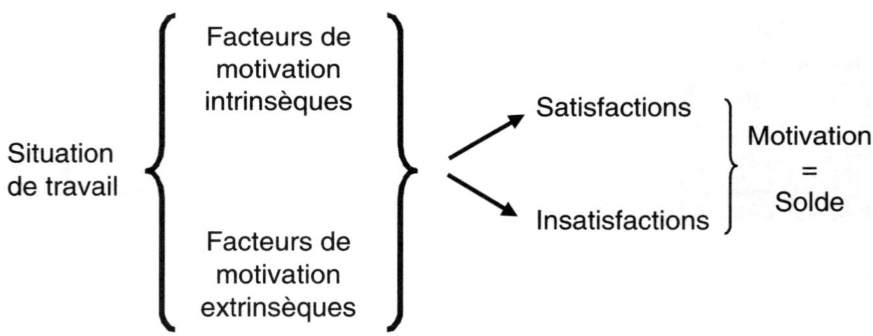

Figure 6.1.

Le processus motivationnel

Chaque individu fait un bilan de ce qu'il retire de sa situation de travail

La théorie des besoins est alors utilement complétée par les travaux sur le processus motivationnel. Ces derniers ne cherchent plus à apporter des réponses à des questions comme : Qu'est-ce qui me pousse à agir ? Par quoi suis-je motivé ? De quoi est faite ma motivation ? Ils s'intéressent moins au contenu de la motivation qu'à son processus en cherchant à comprendre comment elle fonctionne. Cette approche par le processus part de l'hypothèse qu'un comportement motivé résulte d'un choix : entre plusieurs comportements possibles, l'individu adoptera celui qui maximisera ses satisfactions et minimisera ses insatisfactions en fonction de la perception qu'il a des menaces et des opportunités de la situation dans laquelle il se trouve, c'est-à-dire en fonction de sa rationalité limitée. L'individu fait constamment, plus ou moins consciemment et avec tout ou partie des informations nécessaires, le bilan de ce qu'il retire de sa situation de travail. Qu'est-ce que ça m'apporte ? Qu'est-ce que ça me « coûte » ? Le solde, négatif ou positif, le rend satisfait ou insatisfait.

Pour V.H. Vroom (1964), tout processus motivationnel est composé de trois mécanismes psychologiques distincts. Le premier est d'ordre affectif. Il s'agit de la valence que l'on peut définir comme la valeur attribuée par l'individu à la satisfaction de tel ou tel besoin. Cette valeur dépend du type de besoins qu'on cherche à satisfaire dans et par le travail et donc de notre propre échelle de valeurs. Par exemple, certains d'entre nous attachent plus d'importance à l'intérêt de leur travail qu'à leur rémunération. Pour d'autres, c'est le contraire. On dira que l'intérêt du travail et la rémunération ont, pour chacune de ces deux catégories de personnes, des valences positives. Mais pour les premières, l'intérêt du travail a une valence supérieure à la rémunération, et inversement pour les secondes. Si la valence peut être positive, elle peut aussi être nulle (l'individu n'attache aucune valeur à la satisfaction de tel ou tel besoin), voire négative dans la mesure où, moins que de procurer une satisfaction en répondant à un besoin valorisé, le comportement provoque une insatisfaction. Cette dernière peut avoir des origines différentes : le comportement adopté ne produit pas la satisfaction recherchée ou les « coûts » physiologiques et/ou psychologiques (effort, fatigue, stress, remise en cause de l'image de soi,...) associés au comportement sont supérieurs à la satisfaction qu'il procure. En règle générale, un comportement procure des satisfactions et, en même temps, provoque des insatisfactions. La valence est alors représentée par le solde. Elle sera positive si les satisfactions l'emportent sur les insatisfactions, et négative dans le cas contraire.

Les deux autres mécanismes psychologiques composant le processus motivationnel sont de nature cognitive. Il s'agit d'une part de l'expectation, c'est-à-dire la probabilité d'atteindre le résultat associé à la satisfaction recherchée (Suis-je capable de faire ? Ai-je les compétences pour atteindre ce résultat en échange de quoi j'obtiendrai ce que je souhaite ?) et, d'autre part, de l'instrumentalité assimilable, elle, à la probabilité appréciée que l'obtention d'un résultat, à travers un comportement donné, conduise à la satisfaction recherchée (Ce comportement est-il le bon pour obtenir ce que je souhaite ? Si j'adopte ce comportement, quelle assurance ai-je d'obtenir cette rétribution en échange de ma contribution ?). En regroupant expectation et instrumentalité, on obtient la probabilité appréciée par l'individu de satisfaire un besoin particulier à travers l'adoption d'un comportement donné.

La motivation résulte d'un processus multiplicatif

V.H. Vroom propose un modèle dans lequel la motivation dépend du produit de ces trois mécanismes psychologiques. Il suffit que l'un des trois paramètres soit nul pour que la motivation le soit également. En simplifiant, ce modèle nous dit la chose suivante : quand j'ai le choix, comme je maîtrise mon niveau d'effort, j'adopte un comportement donné si je peux répondre oui à trois questions :

- Suis-je capable d'atteindre le résultat associé à l'obtention de la satisfaction recherchée ?
- Est-ce par ce comportement que j'ai le plus de chance d'obtenir la satisfaction recherchée ?
- Le jeu en vaut-il la chandelle (la valeur que j'accorde à la satisfaction produite par ce comportement est supérieure au niveau d'effort qu'il requiert) ?

Le processus motivationnel

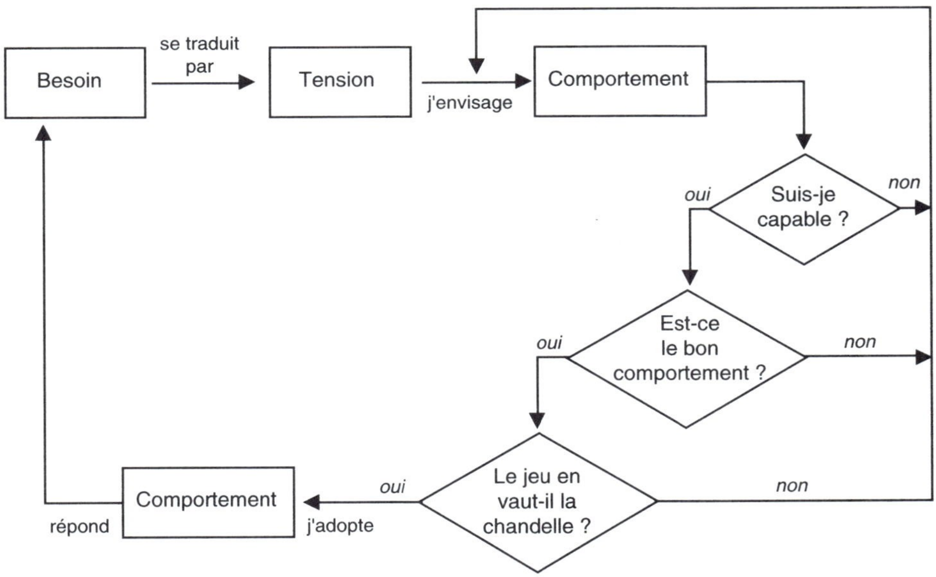

Figure 6.2.

la motivation aux enjeux d'une situation

Pourquoi ce retour aux théories de la motivation ? Qu'apporte de plus l'approche par le processus motivationnel ? Elle redonne toute son importance à la situation dans laquelle se trouve l'individu d'une part, à son intelligence d'autre part. Le comportement est un choix : c'est la réponse de l'individu au problème que lui pose une situation. Nous ne sommes pas esclaves de nos motivations. Il n'y a pas de déterminisme simple entre besoin et comportement. Avant d'adopter un comportement, quand bien même un besoin non satisfait en est la source, nous nous interrogeons sur nos capacités au regard de celles induites par la situation, sur la pertinence du comportement à adopter pour satisfaire notre objectif et surtout sur le rapport avantages/inconvénients : qu'est-ce que cela m'apporte et qu'est-ce que cela me coûte ? Si le rapport n'est pas favorable, je choisirai une autre manière d'agir et le besoin non satisfait attendra. Nous ne cherchons pas en toute circonstance une satisfaction immédiate et absolue de ces derniers. Nous sommes capables d'ajuster notre niveau d'exigence. Rappelons une fois encore le principe de la rationalité limitée : plutôt que d'optimiser la solution (la satisfaction immédiate du besoin), nous en restons souvent à la première solution « jugée satisfaisante » qui nous vient à l'esprit, généralement sélectionnée parmi celles que nous avons déjà utilisées.

On ne motive pas ses collaborateurs

C'est sur les situations de travail qu'on peut agir, et non directement sur les besoins et les dispositions des individus.

On peut tirer un principe simple, et pourtant trop souvent oublié par le management, de l'approche de la motivation par son processus : on ne motive pas ses collaborateurs. Ils se motivent eux-mêmes. Pourquoi ? Parce que eux seuls savent quelle action est en mesure de satisfaire leurs besoins. On peut simplement rendre leur situation plus motivante. C'est sur les situations de travail qu'on peut agir, et non directement sur les besoins et les dispositions des individus. Mais comment faire ?

D'abord, en laissant aux spécialistes l'analyse des mécanismes intra-psychiques et en considérant la « boîte noire » individuelle comme un ensemble hypercomplexe. Le salarié ne vient pas au travail avec une liste de besoins et quelques traits de personnalité pour tout bagage. Il vient aussi avec ses apprentissages sociaux et ses expériences d'autres milieux que celui de l'entreprise. Tout cela forme un ensemble si complexe, et le décrire est une tâche si vaste, que de nombreux psychologues s'en détournent et préfèrent évoquer la terre mal connue des phénomènes intra-psychiques. Certains, comme P. Watzlawick (1973) et l'école dite de Palo Alto, s'inspirent de l'approche systémique pour appréhender l'interpersonnel et l'interactionnel. A condition de ni simplifier ni mécaniser, réfléchir et travailler sur les interactions entre situations et comportements permet un mode d'action plus pertinent pour comprendre les comportements au travail.

Enjeu : ce que je peux gagner ou perdre dans une situation

Au sujet de la « boîte noire » individuelle, on se contentera ainsi de formuler des hypothèses que les comportements observés confirmeront ou infirmeront. On cherchera alors plutôt à identifier ce que les individus considèrent être comme les enjeux des situations/problèmes auxquelles ils ont à faire face. Qu'est-ce qu'un enjeu ? Ce que je peux gagner ou perdre dans une situation particulière. Par définition, un enjeu ne laisse pas indifférent. Il constitue ce à quoi j'attache de l'importance, ce qui compte pour moi, ce qui me fait courir et parfois concourir. La notion d'enjeu, bien connue des spécialistes de la négociation, présente plusieurs caractéristiques.

D'abord, il ne faut pas confondre enjeux, objectifs et résultats d'un comportement. Les enjeux ne sont réductibles ni aux uns ni aux autres. On peut dire simplement que les objectifs d'un individu consistent à acquérir ou défendre ce qu'il considère comme les enjeux de la situation dans laquelle il se trouve par l'adoption de tel ou tel comportement. Ensuite, les enjeux sont concrets, contingents, opérationnels, situés dans le temps et liés à une situation. Ils proviennent de l'environnement organisationnel de l'individu, sont induits directement ou indirectement par les caractéristiques organisationnelles et stimulent les facteurs de motivation intrinsèques ou extrinsèques.

Les enjeux d'une situation de travail peuvent en outre être valorisés positivement (ce qu'on souhaiterait pouvoir augmenter ou ne pas voir diminuer en cas de modification de la situation de travail) ou négativement (ce dont on souhaiterait se débarrasser ou ne pas voir s'accroître en cas de changement de la situation de travail). On parlera alors d'enjeux positifs et d'enjeux négatifs, comme on parlait de valence positive ou négative. Enfin, l'importance pour les salariés des enjeux d'une situation se manifeste de manière particulièrement aiguë à l'occasion des changements organisationnels (modifications de structures, introduction de nouvelles techniques de gestion, de nouveaux équipements,...).

Les enjeux d'une situation de travail

Il serait illusoire de vouloir faire la liste exhaustive des enjeux auxquels tout salarié peut se voir confronté. Ils varient comme et avec les situations de travail. A partir d'une réflexion empirique, on peut toutefois en identifier cinq grandes familles en distinguant les enjeux relatifs :

- à l'exécution du travail ;
- à l'organisation du travail ;
- aux relations au travail ;
- à l'entreprise ;
- et, enfin, aux salaires directs et indirects.

Se prendre au jeu de son travail

Concernant l'exécution du travail, l'intérêt technique, l'exécution maîtrisée d'une activité particulière, l'acquisition d'une compétence,... sont des exemples d'enjeux souvent plutôt positifs. En revanche, les cadences, les quantités à produire, les conditions de travail difficiles (chaleur, bruit,...), le caractère aléatoire des interventions à faire, la répétitivité et la routine,... sont, quant à eux, des enjeux négatifs de la situation de travail de bien des opérateurs. A propos des enjeux relatifs à l'exécution du travail, deux mots apportent fréquemment plus de confusion que de clarté : intérêt et responsabilités. Quand on évoque l'intérêt du travail, nous vient directement à l'esprit l'intérêt du technicien, celui du spécialiste ou encore de l'ouvrier qualifié. On oublie en revanche souvent l'intérêt du jeu : vendre est aussi un jeu du vendeur avec l'acheteur potentiel. Qui ne voit pas le jeu à maîtriser dans la vente ne deviendra jamais un bon vendeur, car il ne se prendra pas au jeu. De même, des cadres disent de leur travail qu'il est intéressant, tout en se plaignant de chacune des activités à exécuter, les trouvant fastidieuses et monotones. Mais la situation globale devient un jeu à maîtriser et à réussir. Pour des ouvriers d'entretien, la performance de qualité ou de rapidité des réparations se vit comme un jeu : faire plus vite et mieux que les collègues. Pour qu'un poste prenne cette dimension, il faut que son titulaire en acquière la maîtrise technique, jouisse d'une bonne autonomie dans l'exécution des activités et que la réussite de ces dernières le valorise. Cet aspect de jeu a un rôle sous-estimé jusqu'ici. Par fausse pudeur, on n'ose en parler.

Les responsabilités, quant à elles, sont dans bien des cas à la fois un enjeu positif et négatif. Positif pour les avantages qu'elles m'apportent (salaire, autonomie, intérêt technique ou de jeu), mais négatif pour les contreparties (difficultés, activités supplémentaires, vulnérabilité aux yeux de la hiérarchie). La responsabilité d'un travail non complètement maîtrisé sera souvent refusée si cela se traduit pour celui qui l'accepte par un risque de sanction ou de mauvaise évaluation par sa hiérarchie ou encore par la nécessité de faire fréquemment appel à elle par manque de compétences. Le jeu n'en vaut pas forcément la chandelle.

Un nombre de leviers d'action de plus en plus important dans les mains du management de proximité

Les enjeux autour de l'organisation du travail sont nombreux. Les enjeux positifs les plus fréquents concernent l'autonomie, l'auto-organisation, des horaires variables, des procédures souples,... Les enjeux négatifs sont le plus souvent l'inverse des enjeux positifs : contraintes horaires, contrôles tatillons, procédures bureaucratiques,... Une même activité, selon la manière dont on s'est organisé pour l'exécuter, peut être passionnante ou au contraire sans intérêt. Les enjeux autour de l'exécution du travail et de l'organisation présentent deux caractéristiques particulières. D'une part, il n'est pas rare qu'une même activité occasionne à la fois des enjeux positifs et négatifs : intéressante mais risquée donc stressante, monotone mais néanmoins reposante,... D'autre part, les caractéristiques des situations de travail qui génèrent ces enjeux sont, pour une part non négligeable et de plus en plus importante dans le contexte organisationnel actuel, dans les mains du management de proximité. Elles sont d'importants leviers d'action pour le manager. Son rôle consiste ainsi à modifier la situation de travail d'un subordonné afin d'en diminuer les inconvénients (occasionnés par les enjeux négatifs) sans toucher aux avantages (procurés par les enjeux positifs), ou inversement d'accroître les avantages sans augmenter les inconvénients, pour agir sur ses comportements.

Les enjeux de relation peuvent être d'importants freins à la mobilité

On oublie trop facilement les enjeux liés aux relations au travail. Bonne intégration au groupe, solidarité, réseaux de relations et de communication utiles, supérieurs adroits,... sont des exemples d'enjeux positifs autour des relations. Ces dernières peuvent aussi générer bon nombre d'enjeux négatifs : mauvaise ambiance de groupe, ragots, concurrence, jalousies, supérieurs hiérarchiques agressifs ou distants,... Un changement de poste peut avoir des conséquences perturbatrices importantes sur les enjeux positifs de relation d'un salarié. C'est parfois un frein important à la mobilité interne dans la mesure où une stratégie d'acceptation ou de refus d'une offre de poste peut se jouer uniquement sur de tels enjeux. En outre, lors d'un changement de l'organisation du travail d'un service, les salariés concernés peuvent avoir, directement ou indirectement, à modifier leurs relations. Si certains d'entre eux perçoivent les modifications comme une perte d'avantages, il leur faudra trouver des avantages de substitution, peut-être au niveau de l'exécution du travail ou de son organisation.

L'entreprise aussi produit des enjeux

« Qu'est-ce que vous faites dans la vie ? », demande un bon maître de maison à des convives qu'il invite pour la première fois à un dîner. « Je suis consultant dans un petit cabinet que vous ne connaissez certainement pas ». « Et vous ? », poursuit le maître de maison en se tournant vers un autre invité. « Je travaille chez Andersen Consulting », répond le second. Les enjeux relatifs à l'entreprise de ces deux convives ne sont pas les mêmes. L'entreprise du second confère un prestige social que n'apporte pas l'entreprise du premier. Pourquoi, à responsabilités et salaires équivalents, je choisis l'entreprise X plutôt que l'entreprise Y ? Pourquoi alors que je m'ennuies mortellement dans mon poste depuis déjà de nombreuses années et que je n'ai aucune évolution professionnelle en vue, je reste malgré tout dans l'entreprise Z ? Les entreprises sont également, en elles-mêmes, porteuses d'enjeux. Au même titre que les autres, ces enjeux peuvent être positifs (par exemple, prestige lié à l'image de l'entreprise, sécurité de l'emploi, statuts et classifications supérieurs au marché, carrière garantie, possibilité de mobilités à l'international,...) et négatifs (par exemple, mauvaise réputation, faible pérennité de l'entreprise, peu de possibilités d'évolution professionnelle, entreprise presse-citron, peu de souci du personnel,…).

Les salaires : une caractéristique à regarder de manière relative

Enfin, si les salaires directs et indirects ne sont pas les seuls enjeux de toute situation de travail, ils restent des enjeux importants. On aperçoit cependant les limites de l'enjeu salaire quand, gelé pour une période annuelle, commencent les arbitrages sur les autres enjeux. Le salaire, comme les autres caractéristiques des situations de travail, peut aussi être porteur d'enjeux négatifs. Pourquoi ? Parce que c'est une caractéristique qu'il faut regarder de manière relative et non absolue. La théorie de l'équité (J.S. Adams, 1965) a bien mis en évidence ce phénomène. Enjeux positifs et négatifs autour des questions de salaires relèvent d'un sentiment d'équité ou d'iniquité. Je trouve que mes efforts sont rémunérés à leur juste valeur ou, au contraire, je trouve que mon salaire n'est pas à la hauteur de mes attentes compte tenu de mon investissement dans l'entreprise. En outre, dans nos entreprises, il y a toujours des personnes avec lesquelles nous nous comparons. Que le patron gagne trois fois plus que moi ne me choque pas. En revanche, que mon voisin gagne la même chose que moi alors qu'il travaille beaucoup moins que moi, je ne trouve pas ça juste. C'est la même chose pour mon collègue d'en face. Je juge nos contributions équivalentes alors que son salaire est supérieur au mien d'au moins vingt-cinq pour cent, et son âge n'explique pas tout.

Le bilan est-il globalement positif ou négatif ?

On peut repérer et évaluer les enjeux de chacun des acteurs parties prenantes à une situation/problème donnée, mais aussi les principaux enjeux de la situation de travail globale d'un acteur particulier. Pour ce faire, les critères utilisés peuvent provenir de plusieurs sources. Personnellement, toutes comparaisons faites, j'apprécie les relations avec mon responsable de service, je supporte sans peine la monotonie des tableaux comptables à préparer chaque matin, j'aime bien recevoir les appels téléphoniques pour le responsable de service durant ses absences, en particulier à cause des informations recueillies à cette occasion. Mais le groupe de travail dont je fais partie m'a proposé à mon arrivée, puis au cours de discussions entre nous, d'autres critères auxquels je me rallie, par méconnaissance ou incertitude et par solidarité. Par exemple, les dossiers entreposés à l'étage supérieur sont considérés par le groupe comme une cause de fatigue supplémentaire inadmissible. Tous ces avantages et ces inconvénients composent ma vie quotidienne au travail.

Le tableau 6.1. ci-après regroupe sous la forme d'un bilan les enjeux positifs et négatifs à l'origine des rétributions de tous ordres obtenues par un salarié en échange de ses contributions dans une situation de travail. Bien qu'il n'y ait pas d'arithmétique comptable en ce domaine, les salariés de tous niveaux, cadres et non-cadres, procèdent implicitement ou explicitement à cette évaluation de leur travail. En conclusion, ils formulent une estimation synthétique, paraphrasant la formule célèbre : le bilan est globalement positif (ou négatif). De tels tableaux, sans cacher les zones d'ombre persistantes en toutes circonstances, ne serait-ce que du fait des rapports de pouvoir que nous analyserons dans le chapitre suivant, faciliteront les relations supérieur/subordonné (avant d'engager une négociation avec un subordonné au moment de son entretien annuel, un cadre pourra en tracer une première esquisse qu'il utilisera, confirmera ou infirmera, pendant celle-ci) et la conduite des processus de changement organisationnel.

Les principaux enjeux d'une situation de travail

	Enjeux positifs	**Enjeux négatifs**
Exécution du travail	– Intérêt technique – Intérêt de « jeu » – Autonomie, maîtrise – Valorisations diverses	– Rythme des cadences – Monotonie – Durée, intensité – Difficulté d'exécution – Fatigues occasionnées
Organisation	– Communications aisées – Entraide possible – Auto-organisation – Faibles contraintes bureaucratiques	– Pauses mal réparties – Locaux peu adaptés – Répartition des horaires – Contrôles tatillons
Relations	– Intégration, climat – Ambiance des groupes – Réseaux de relations – Hiérarchie pertinente	– Isolement, mésententes – Compétition, tensions – Maladresses hiérarchiques – Rivalités
Entreprise	– Images, cultures, rites – Transparence – Sécurité de l'emploi – Prestige social	– Vulnérabilités – Peu de perspectives de carrière
Salaires	– Comparaisons favorables – Suppléments	– Iniquité des salaires

Tableau 6.1.

CHAPITRE 7

Les relations humaines : encore et toujours des rapports de pouvoir

LES SPÉCIALISTES qui étudieront au début du second millénaire les livres de management du XXe siècle s'interrogeront sur une cécité constante dans la quasi-totalité de ces ouvrages : on n'y parle pas des rapports de pouvoir. Certes, on y disserte abondamment sur l'autorité des supérieurs, comme si l'autorité et le pouvoir constituaient une qualité intrinsèque du manager. On oublie alors trop facilement plusieurs choses :

- beaucoup de managers sont aussi les subordonnés d'autres managers et le problème intéressant réside plus dans l'analyse de leurs relations affectées par leurs pouvoirs réciproques que dans leur soi-disant aptitude à l'autorité ;
- derrière l'autorité et les relations hiérarchiques se jouent des rapports de pouvoir dont certains sont occultés par les définitions de fonction officielles ;
- les relations humaines se vivent à travers des rapports de pouvoir à tous les niveaux de la hiérarchie ;
- l'ajustement mutuel que suppose toute coopération est le résultat d'arrangements, d'aménagements,... eux-mêmes établis dans des relations de pouvoir.

Tout le monde a du pouvoir dans les organisations

Faut-il rappeler ici la dialectique du maître et de l'esclave évoquée par le philosophe allemand Hegel ? Si l'esclavage est une situation où le pouvoir du maître semble maximum, il connaît malgré tout la plupart du temps des limites : le pouvoir de l'esclave. On s'étonnera peut-être qu'on puisse parler du pouvoir de l'esclave sur le maître, et donc des limites du pouvoir du maître sur l'esclave. Et pourtant ? Il s'agit d'un pouvoir de menace et de dissuasion. L'esclave, ayant force physique et compétences donc valeur marchande, trouve dans la menace de détruire cette valeur marchande en se suicidant un pouvoir d'opposition aux abus de pouvoir du maître. Mais comme toute arme de dissuasion, ses conséquences disproportionnées par rapport aux préjudices causés en rendent l'usage peu probable, sauf en cas de situation extrême. Par cette analyse, on comprend le désespoir absolu du vieil esclave, sans force physique et donc sans valeur marchande, bouche à nourrir pour le maître. On a là le cas limite d'une relation où l'un a un pouvoir absolu et l'autre un pouvoir nul. Le suicide du vieil esclave rendrait service au maître en supprimant une bouche inutile et le débarrasserait donc d'une dépense sans contrepartie.

La grève est un pouvoir de dissuasion

Bien que le monde du travail ne connaisse pas de cas aussi extrême de pouvoir, on peut toutefois penser à la situation des salariés dont les connaissances et les savoir-faire, du fait d'un changement technologique ou d'une restructuration, se retrouvent sans valeur car ne satisfaisant plus les besoins de l'entreprise. C'est trop souvent le cas des opérateurs dont les compétences, à forte teneur de savoir-faire (tours de main, coups d'œil,...), résultent uniquement de leur expérience, c'est-à-dire des compétences qu'ils ont acquises seulement dans et par la situation de travail qu'ils occupent souvent depuis de trop nombreuses années. Que la situation change et leurs compétences deviennent caduques. Ils éprouvent de surcroît beaucoup de difficultés à les utiliser dans une autre situation tant ces compétences sont liées au contexte dans lequel elles ont été acquises et développées. Ces salariés perdent alors tout pouvoir dans le système. De même, on se rappellera que la grève, comme la menace de suicide de l'esclave, fait partie des pouvoirs de dissuasion, souvent difficilement utilisables vu les préjudices causés à celui qui exerce ce pouvoir. De l'autre côté, l'employeur détient des pouvoirs de dissuasion peu utilisables à tout bout de champ : licenciement, fermeture d'atelier, restructuration,...

Outre certaines situations extrêmes, tout le monde a du pouvoir dans les organisations, de l'opérateur au directeur général. Traîner dans l'exécution du travail, ne pas fournir la qualité attendue, refuser de faire des heures supplémentaires, laisser entendre qu'il se joindra aux prochains mouvements de grève,... sont autant de manières pour l'opérateur de faire pression et donc d'exercer du pouvoir sur le directeur général. Mais l'opérateur sait bien et sent bien qu'il ne peut abuser de ces pouvoirs n'importe quand et n'importe comment. La situation et le contexte importent beaucoup.

Outre certaines situations extrêmes, tout le monde a du pouvoir dans les organisations, de l'opérateur au directeur général.

L'exemple de l'usine chimique

Peu conscient des sources de pouvoir que contrôlent tous les ouvriers d'entretien du fait de la nature de leur travail, le directeur des fabrications d'une usine chimique fait de surprenantes découvertes. Les ouvriers d'entretien ont de fait un pouvoir important. Ils sont seuls à savoir, dans le détail, comment réparer une machine ou comment modifier une installation : par exemple, eux seuls connaissent concrètement et pratiquement comment brancher une pompe sur la canalisation de liquide réfrigérant au fond de l'atelier ou encore comment, geste après geste, déposer la vanne d'arrivée d'acide sulfurique pour la changer. Le directeur des fabrications est obligé de les croire, de leur faire confiance et d'accepter leurs explications. En les soupçonnant, il s'épuiserait à les surveiller. Entrant de surcroît dans un processus de méfiance systématique, il induirait chez eux des réactions de surenchère pour rendre encore plus opaque leur zone de pouvoir impossible à réduire ; et la productivité baisserait.

Ayant l'impression d'un rendement insuffisant, le directeur des fabrications veut pourtant contrôler de plus près l'activité des ouvriers d'entretien. Au lieu de négocier habilement avec eux, il choisit la manière forte : faire pression sur eux en essayant de réduire cette part incompressible de pouvoir et d'autonomie dus à la division du travail et à la différence de compétences. Pour parvenir à ses fins, le directeur des fabrications imagine le système de contrôle suivant : sur les fiches d'intervention des ouvriers d'entretien dans l'atelier, il ajoute une nouvelle rubrique où doivent être précisées l'heure de début de l'intervention, la durée des principales phases de la réparation ou du remplacement de pièces et mentionnés les incidents ou les travaux supplémentaires exigés. La réaction des ouvriers d'entretien ne se fait pas attendre. En trois ou quatre mois, la durée moyenne des interventions augmente ainsi que le nombre des travaux supplémentaires effectués. Comme par hasard, lorsqu'on démonte une pompe, après avoir essayé longuement de la réparer, il faut de plus en plus souvent changer telle ou telle pièce qu'on n'a pu réutiliser vu son état. L'atelier d'entretien accroît petit à petit ses temps d'intervention. Des réparations classiques voient leur durée augmenter de quinze à vingt pour cent et la consommation de pièces ne diminue pas.

Pour avoir voulu mieux contrôler les ouvriers d'entretien, le directeur des fabrications a obtenu le résultat contraire. Il a cherché en vain à supprimer une source de leur pouvoir : la décision de changer ou de réparer une pièce. En essayant systématiquement de réparer, même si parfois il est dès le départ évident qu'ils n'y parviendront pas, les ouvriers d'entretien augmentent par représailles la durée d'intervention.

Dans les organisations du travail actuelles où on accorde et reconnaît davantage d'autonomie aux acteurs (postes enrichis, groupes autonomes,...), la situation des ouvriers d'entretien se généralise à l'ensemble des salariés, y compris aux opérateurs autrefois affectés à des postes spécialisés aux modes opératoires très précis et laissant peu de place à l'initiative.

Le pouvoir est réparti mais de manière inégale

Si tout le monde a du pouvoir, tout le monde n'a pas les mêmes pouvoirs. L'égalité du pouvoir entre tous est aussi mythique que son contraire. Prendre en compte cette proposition avec toutes ses conséquences peut permettre de grands progrès car elle est à la base de bonnes relations de coopération. Par exemple, une des raisons les plus fréquentes des échecs des efforts de délégation réside d'une part, dans l'oubli des problèmes de pouvoir sous-jacents et, d'autre part, dans la répartition inégale des pouvoirs. On parle souvent de délégation soit en termes bureaucratiques soit en termes idéalistes.

Si tout le monde a du pouvoir, tout le monde n'a pas les mêmes pouvoirs. L'égalité du pouvoir entre tous est aussi mythique que son contraire.

Dans le premier cas, on délègue pour faire fonctionner l'entreprise. On définit ce qu'il convient de déléguer selon une vue mécaniste, donc pauvre et simplifiante, ce qui doit être délégué pour que la réalité se conforme au modèle de référence. Dans le second cas, on délègue pour se conformer à une vue idéale des relations entre niveaux hiérarchiques. On délègue parce qu'il le faut, parce que c'est bien de déléguer ou encore parce que le bon chef délègue. Cette approche abstraite, moralisante et sans prise en compte des situations concrètes, vient buter contre les relations asymétriques de pouvoir : pouvoir du délégateur d'accroître la part de délégation, pouvoir du délégataire de refuser d'assurer la responsabilité de ce qu'on lui délègue et pouvoir de se réfugier dans l'irresponsabilité. Dans bon nombre d'entreprises, la délégation se trouve bloquée par suite d'une incapacité des uns et des autres à prendre en compte cette part peu évidente et cachée de leurs relations : les composantes de pouvoir.

Ce que pouvoir veut dire

Dans les organisations, les relations interindividuelles sont aussi nécessairement des relations de pouvoir. Pourquoi ? Parce que d'une part, les objectifs organisationnels et individuels sont à la fois convergents (ils nécessitent la coopération pour être atteints) et divergents (ils génèrent des conflits) et, d'autre part, les ressources produites par l'entreprise à répartir entre chacun des acteurs parties prenantes sont limitées. La taille du gâteau n'est pas extensible à l'infini et parfois certains en reprendraient pourtant bien une part. Mais qu'est-ce que le pouvoir ? Cette notion présente plusieurs grandes caractéristiques.

Le pouvoir ne se réduit pas à l'autorité

D'abord, le pouvoir ne se réduit pas à l'autorité. Ma position hiérarchique peut me donner du pouvoir sur certains de mes collaborateurs, soit. Mais mes collaborateurs ont également du pouvoir sur moi. L'autorité hiérarchique n'est de surcroît pas suffisante à l'exercice d'un pouvoir. Dans des univers bureaucratiques où tout est réglementé et où rien n'est laissé au hasard, le principal rôle du responsable hiérarchique est de faire appliquer les règles. Mais, si on ne peut faire autrement que de les appliquer et si elles sont aussi contraignantes pour le responsable hiérarchique que pour ses subordonnés, la latitude d'action est faible. Le pouvoir hiérarchique existe, mais les subordonnés ne sont finalement que peu dépendants de leur chef, tout étant régis par les règles. Dans certaines situations, le système peut même devenir plus contraignant pour le responsable hiérarchique que pour ses subordonnés.

Ensuite, le pouvoir a un caractère relationnel et réciproque. Le pouvoir n'est pas un bien accumulable qu'on utilise à certains moments. C'est l'un des aspects d'une relation entre deux personnes, une personne et un groupe ou entre deux groupes. L'autre aspect du pouvoir est la dépendance. Il n'y a en fait qu'un seul mécanisme symétrique pouvoir/dépendance dans une situation donnée de relation. A a du pouvoir sur B car B dépend de A, a besoin de A pour satisfaire un besoin ou atteindre un objectif dans des domaines très divers. Si B ne dépend d'aucune manière de moi, je n'ai aucun pouvoir sur lui. Dès que B dépend de moi pour atteindre ses buts, j'ai du pouvoir sur lui. Il sait qu'il devra se conformer à ma volonté en fonction même de l'importance à ses yeux de ses buts. Le pouvoir, c'est l'inverse de la dépendance. J'ai du pouvoir parce que je détiens quelque chose dont les autres ont besoin, qui me permet d'agir sur leurs comportements et/ou d'accroître mon influence au sein de l'entreprise. En revanche, je dépends des autres parce qu'ils détiennent quelque chose dont j'ai besoin, ce qui leur permet d'agir sur mon comportement,...

Le pouvoir est contingent

Dans le monde du travail, nos relations sont des relations de pouvoir car le plus souvent nous dépendons les uns des autres pour satisfaire nos propres objectifs. Le subordonné dépend de son chef qui a de ce fait du pouvoir sur lui. Son pouvoir s'amenuise avec cette dépendance et, en la matière, peu importe les galons et les organigrammes officiels. Le pouvoir concret, réel, n'existe qu'avec sa contrepartie : la dépendance réciproque. Pour reprendre l'image stéréotypée de l'iceberg, le pouvoir est la partie cachée, immergée de nos relations dans leur réalité concrète. On parle souvent des hiérarchies formelles comme si elles décrivaient des situations concrètes. En réalité, les jeux entre les acteurs sont plus complexes, car ils ont la plupart du temps chacun une parcelle de pouvoir. Dans certains cas, à un moment donné de leur relation, le subordonné peut détenir plus de pouvoir que son supérieur dans la mesure où il peut dépendre totalement de lui, par exemple pour terminer le soir même un travail qu'il a promis à la direction et qu'il est incapable de faire seul.

Dans le monde du travail, nos relations sont des relations de pouvoir car le plus souvent nous dépendons les uns des autres pour satisfaire nos propres objectifs.

Enfin, le pouvoir est relatif à quelque chose et est évolutif. On n'a pas de pouvoir dans l'absolu. On a du pouvoir dans une situation donnée et à un moment précis du temps. Si la situation change, mon pouvoir peut devenir caduc et la relation de pouvoir basculer. Dans une situation donnée, le pouvoir que je détiens sur les autres sont mes ressources, le pouvoir qu'ils détiennent sur moi des contraintes. Ressources et contraintes

Pouvoir et dépendance sont l'inverse l'un de l'autre

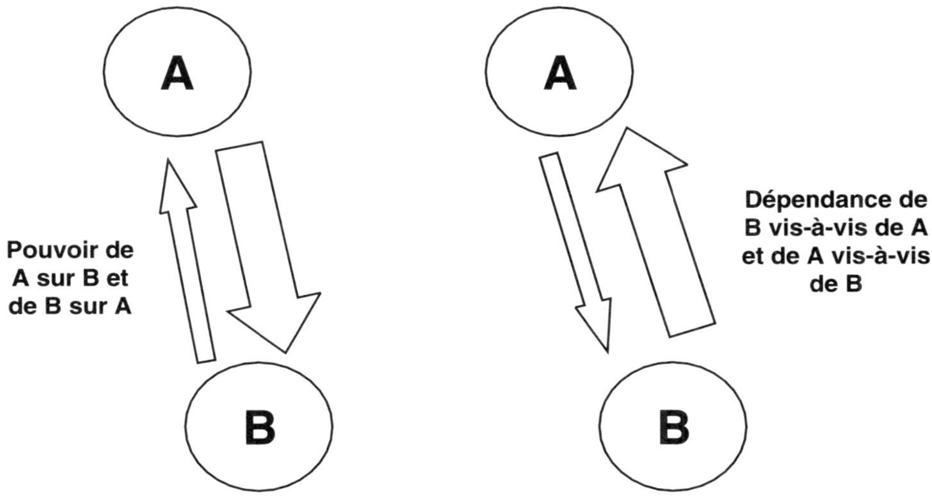

Figure 7.1.

sont liées à une situation particulière induite par les caractéristiques organisationnelles résultant des interactions entre les différents composants du système organisation. Que ces dernières évoluent, ressources et contraintes s'en trouveront modifiées. Les caractéristiques organisationnelles peuvent être, en elles-mêmes, des ressources ou des contraintes. Règles et procédures donnent du pouvoir à tel ou tel acteur aux dépens de tel autre. Mais elles peuvent aussi valoriser différentiellement mes ressources.

La culture ne gomme pas les rapports de pouvoir

La compétence des ouvriers d'entretien de l'usine chimique à réparer une panne ou modifier une installation est, pour eux, une ressource parce qu'ils sont seuls à posséder cette compétence, mais surtout parce que les machines tombent en panne. Si, du jour au lendemain, les machines ne tombent plus en panne, leur pouvoir disparaît. Dans bon nombre d'entreprises de haute technologie, le marketing a souvent du mal à être légitime. Pourquoi ? Essentiellement parce que les labos sont seuls à être capables d'innover et que la culture très technique de ces entreprises est composée de la valeur « innovation » et de croyances comme « l'innovation vient de la technique » ou encore « l'innovation vient de l'offre pas de la demande ». La culture valorise plus les ressources des labos que celles du marketing et, par là même, donne le pouvoir aux premiers aux dépens des seconds. Que la culture change, et la relation de pouvoir basculera. Le problème : la modification des relations de pouvoir est souvent une condition nécessaire, pas forcément suffisante, pour faire évoluer la culture.

Le pouvoir ne s'accumule pas mais caractérise une relation à un moment donné. Quelqu'un a du pouvoir sur quelqu'un d'autre puis, la situation se modifiant, la relation se transforme et le pouvoir du premier sur le second peut avoir disparu ou se trouver accru. On peut alors pour conclure cette partie sur la nature du pouvoir retenir la définition qu'en donne E. Friedberg (1993) : le pouvoir est la capacité d'un acteur à structurer des processus d'échange plus ou moins durables en sa faveur, en exploitant les contraintes et les opportunités de la situation pour imposer les termes de l'échange favorables à ses intérêts.

Source et ressources de pouvoir

D'où vient le pouvoir ? Dans une situation particulière, pour que X ait du pouvoir, il faut d'une part, qu'il soit crédible aux yeux des autres acteurs parties prenantes, c'est-à-dire jugé capable d'apporter une solution au problème et, d'autre part, que son comportement reste relativement imprévisible. En d'autres termes, X aura du pouvoir s'il est seul à maîtriser une incertitude ou plus exactement à contrôler ce que les sociologues appellent une zone d'incertitude, c'est-à-dire une des zones qui ne sont pas précisément définies et délimitées au sein de l'organisation. Dans toutes les organisations, aussi formalisées soient-elles, il reste toujours des terres inconnues. C'est d'ailleurs bien pour cette raison que la rationalité des acteurs en leur sein est nécessairement limitée. Or, celui qui maîtrise même partiellement une zone d'incertitude, qui compte pour l'organisation c'est-à-dire importante pour son bon fonctionnement, est en quelque sorte irremplaçable et peut ainsi créer une dépendance des autres à son égard. La maîtrise d'une incertitude confère un pouvoir à celui qui la détient. Plus cette incertitude représente un enjeu important pour l'entreprise, plus son pouvoir est grand.

La maîtrise d'une incertitude confère un pouvoir à celui qui la détient. Plus cette incertitude représente un enjeu important pour l'entreprise, plus son pouvoir est grand.

Comme le souligne Ph. Bernoux (1985), le pouvoir d'un acteur réside dans sa capacité à refuser ou négocier ce que les autres lui demandent. Or, cette possibilité existe s'il a réussi à préserver un espace que les autres ne maîtrisent pas et par l'intermédiaire duquel il peut donc rendre son comportement imprévisible. L'incertitude réside avant toutes choses dans l'imprévisibilité du comportement. Mon comportement est stratégique, disions-nous dans le chapitre 5, dans la mesure où il vise à obtenir ou éviter ce que je considère être les enjeux de la situation dans laquelle je me trouve en fonction des ressources à ma disposition et des contraintes avec lesquelles je dois composer. Pour ce faire, je chercherai le plus souvent à accroître le degré de prévisibilité de mon environnement, tout en restant moi-même le plus imprévisible possible pour les autres.

Qu'est-ce qui me permet de contrôler une zone d'incertitude ? Quelles sont les ressources pertinentes de pouvoir ? On peut en identifier cinq grandes catégories :

- le contrôle des moyens (humains, financiers, matériels...),
- les règles organisationnelles,
- les informations,
- les compétences,
- les relations à l'environnement.

Les cinq catégories de ressources qui permettent de contrôler une zone d'incertitude et qui donc donnent du pouvoir

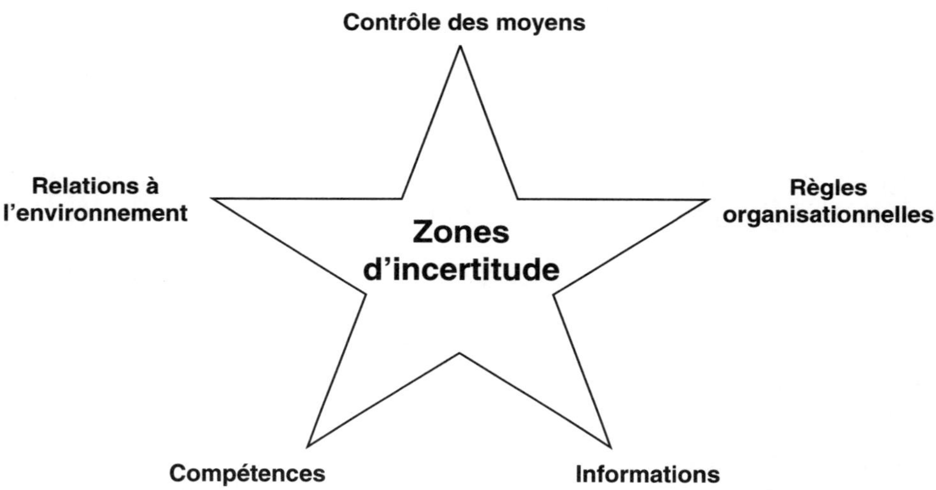

Figure 7.2.

Le contrôle des moyens est une ressource de pouvoir

D'abord, le contrôle des moyens financiers, humains, matériels,... à chacun des niveaux hiérarchiques est une ressource de pouvoir considérable. C'est l'une des sources habituelles du pouvoir formel. Par l'attribution de tel ou tel budget, l'autorisation de telle ou telle dépense ou l'accord d'un financement important,... mon responsable hiérarchique a énormément de moyens pour agir sur mon comportement. Par l'attribution de telle ou telle prime en fin d'année, je peux influer à mon tour sur le comportement de mes collaborateurs. Dans un univers de ressources rares, le contrôle des moyens est de toute évidence un atout énorme. Trop souvent cependant, la notion de pouvoir se réduit dans l'esprit des gens à cette capacité-là. Or, d'autres ressources de pouvoir, souvent au moins aussi pertinentes que le contrôle des moyens, existent.

L'application totale des règles en vigueur provoque la paralysie du système

La création, la modification et même l'application des règles organisationnelles sont aussi des ressources de pouvoir. Edicter et faire appliquer des règles est une partie importante de la mission des services fonctionnels. Le responsable du personnel trouvera une partie importante de son pouvoir dans sa capacité à faire appliquer les règles relatives à la gestion des agents (recrutement, formation, rémunération, gestion de carrière,...). En outre, si j'ai la capacité de créer ou de modifier une procédure par ma participation à un groupe de travail, il y a fort à parier que, tout en agissant dans un espace de contraintes (le pouvoir des autres membres du groupe), je n'oublierai pas mon propre intérêt.

Si aucune organisation ne peut fonctionner sans règles, l'application totale des règles en vigueur peut cependant aboutir à la paralysie. C'est le cas de la grève du zèle où j'applique le règlement à la lettre et je bloque le système. L'application d'une règle peut ainsi, dans certains cas, être une ressource de pouvoir. Je peux par exemple fermer mon magasin à 17 heures précises sans prendre la commande des clients qui attendent depuis déjà un long moment en me réfugiant derrière la règle sans que mon responsable ne puisse rien me dire. Je peux aussi satisfaire les derniers clients parce que le magasin a besoin de faire du chiffre d'affaires ce mois-ci, fermer un quart d'heure plus tard chaque fois que nécessaire, et obtenir de mon responsable une journée de congé supplémentaire ou une prime importante en fin d'année. Dans les deux cas, le fait que la règle existe est une ressource de pouvoir importante pour moi. Enfin, dans les univers très bureaucratisés où il y a pléthore de règles pour tout, les connaître parfaitement permet d'en jouer et souvent d'avancer plus vite que ceux qui les connaissent moins bien. Certains en arrivent alors parfois à passer plus de temps à comprendre comment le système fonctionne, à savoir ce qu'il faut faire ou ne pas faire, dire ou ne pas dire,... qu'à travailler. La performance n'étant pas toujours dans ces univers le principal critère d'avancement.

La gestion de l'agenda du patron donne du pouvoir à la secrétaire

La détention, le traitement et la transmission d'informations sont également des ressources de pouvoir importantes. Qui accède à des informations importantes se rapportant à la vie de l'entreprise et les retient conforte son pouvoir sur ses subordonnés. Inversement, les subordonnés retiendront des informations que le supérieur souhaiterait connaître pour créer une source de pouvoir sur lui. La secrétaire qui tient l'agenda de son patron et filtre au téléphone détient un pouvoir important et sur lui et sur ses collègues et collaborateurs. Il n'y a qu'à voir le prestige dont jouissent le plus souvent les secrétaires de direction. Elles sont proches de « Dieu », détiennent des informations auxquelles des collaborateurs d'un niveau hiérarchique bien plus élevé n'ont pas accès. Par la maîtrise de l'agenda du patron, elles vous accordent ou ne vous accordent pas un rendez-vous. Vous dépendez d'elles pour obtenir ce rendez-vous si important, elles ont donc du pouvoir sur vous. Qui a une fois assisté à un Comité d'Entreprise connaît le pouvoir accordé et reconnu à celui qui en fera le compte rendu. Qu'est-ce qui figurera dans le procès-verbal ? Comment seront retranscrits les propos d'untel ou d'untel ? Comment aura été interprété son intonation qui modérait tant la vigueur de son exposé ? Le compte rendu, c'est l'essentiel de ce qui restera.

Les compétences sont aussi du pouvoir

Les démarches récentes de gestion des compétences oublient trop souvent que les compétences sont, dans de nombreuses situations, des ressources de pouvoir importantes pour ceux qui les possèdent. Rappelons-nous une fois encore l'exemple des ouvriers d'entretien de l'usine chimique seuls à savoir réparer une panne ou modifier une installation. Cette compétence constitue l'essentiel de leur pouvoir.

Un jeune arrive au sein du service comptable. Au départ, il est quasiment substituable. La preuve, le responsable du service a hésité longuement entre plusieurs candidats de valeur équivalente au moment de son recrutement. D'emblée, le jeune accepte beaucoup de son supérieur. Son pouvoir est faible. Le plus souvent, il se plie en quatre pour satisfaire ses attentes. Au fur et à mesure du développement de ses compétences, de sa professionnalisation, il devient de moins en moins substituable. Ses compétences lui permettent d'apporter des réponses à des problèmes comptables complexes qu'il est, dans certains cas, seul à pouvoir résoudre. Il est par exemple seul à maîtriser dans le détail l'application d'enregistrement des factures du nouveau logiciel sur lequel le responsable du service n'a pas encore eu le temps de se former. Quant à lui, il l'a tellement utilisé qu'il connaît tous les cas particuliers. Pour gagner du temps, il a même fait quelques développements spécifiques que personne d'autre ne comprend. Son responsable hiérarchique a de plus en plus besoin de lui pour faire tourner le service au quotidien. Parallèlement, il accepte de moins en moins de choses de sa part et devient de plus en plus exigeant sur les contreparties à sa contribution. Son pouvoir grandit et la relation de dépendance à l'égard du responsable du service devient une véritable relation d'interdépendance. Pour finir, malgré des souhaits répétés de mobilité de sa part, le responsable du service fait tout pour le retenir et l'empêcher de changer de poste. Il s'est rendu indispensable à ses yeux. Son pouvoir et sa capacité de négociation au sein du poste sont au maximum.

Toutes les compétences ne donnent cependant pas le même pouvoir à ceux qui les possèdent. Plus elles sont complexes et/ou moins elles sont formalisables, et plus elles donnent de pouvoir à leurs détenteurs. R. Sainsaulieu, A. Exiga et F. Piotet (1981) proposent de rajouter une dimension au degré de complexité des compétences détenues pour caractériser le pouvoir lié à la compétence : le degré d'initiative laissé à leurs détenteurs. En croisant ces deux facteurs, complexité de la compétence et degré d'initiative de son détenteur, on obtient une matrice utile pour classer les fonctions d'une entreprise selon le pouvoir associé à la compétence (voir figure ci-dessous).

Classement de quelques fonctions selon le pouvoir lié à la compétence

Complexité de la compétence / Degré d'initiative du détenteur	**Faible**	**Forte**
Faible	Agent administratif	Ingénieur de production
Fort	Chef de chantier	Chercheur

Tableau 7.1.

Les relations à l'environnement

Enfin, dernière catégorie de ressources de pouvoir, et non des moindres, la maîtrise des relations à l'environnement.

Le pouvoir des commerciaux de l'entreprise de haute technologie du chapitre 5 sur le marketing, qui leur permet de vendre les produits en fin de vie plus faciles à vendre que les nouvelles versions, est de cette nature. Ils sont seuls à être en relation avec les clients. Le marketing ne connaît le marché qu'à travers les études d'organismes spécialisés.

Avoir des contacts avec les services périphériques, les clients ou les fournisseurs, être le point de passage obligé des relations avec tel ou tel organisme public donnent du pouvoir quel que soit le grade ou le statut de celui qui tient cette position.

Les acteurs positionnés à l'interface de l'entreprise et d'une ou plusieurs autres organisations de son environnement sont ce que M. Crozier et E. Friedberg (1977) appellent des marginaux sécants. Ils utilisent dans l'entreprise les relations qu'ils ont avec une autre organisation, et parfois réciproquement. Ils contrôlent de nombreuses zones d'incertitude importantes pour le bon fonctionnement de l'entreprise et ont donc beaucoup de pouvoir. Les marginaux sécants sont souvent des acteurs ressources importants dans les processus de changement. Il faut savoir les utiliser. Nous y reviendrons plus longuement dans le chapitre 11.

Pouvoir implique négociation

Y.F. Livian (1987) identifie cinq capacités de base nécessaires aux acteurs pour naviguer dans les eaux profondes des relations de pouvoir :

- savoir s'affirmer, c'est-à-dire être capable de résister aux pressions, avoir confiance en soi, oser faire ou dire ce qui paraît opportun,... en d'autres termes, être capable de maintenir un climat correct de relations avec les autres sans pour autant leur céder systématiquement ;

- être émotionnellement stable, à savoir ne pas se laisser déborder par ses sentiments et en devenir esclave ;
- savoir s'exprimer et écouter ;
- savoir manier de l'information ;
- et savoir négocier.

La négociation : un mode d'interaction

Parmi ces cinq capacités, nous attachons une importance toute particulière à la dernière. Pourquoi ? Parce que vu l'importance des questions de pouvoir dans les relations de travail, une profonde coopération ne peut s'établir qu'à travers une relation de négociation. On reviendra sur ce point dans le chapitre 9, mais on peut poser ce principe dès maintenant : seule une relation de négociation convient ; elle est la solution car, entre des acteurs liés par des relations de pouvoir et de dépendance aux contours flous, seule une négociation permettra d'ajuster pas-à-pas ces rapports. Négocier constitue un mode d'interaction où chaque partie sait qu'elle a intérêt à rechercher à modifier conjointement ses relations avec l'autre en acceptant de prendre en compte les rapports de pouvoir et de dépendance réciproques. De ce fait, une négociation demande du temps, connaît des moments de blocage et de progression, accepte une part de flou, d'hypothèses non confirmées et d'incertitude. Durant celles-ci, les négociateurs accepteront certaines règles du jeu, parfois assez peu conformes à celles du modèle hiérarchique idéal : faire des propositions, les voir totalement ou partiellement refusées, accepter partiellement ou totalement les contre-propositions de l'autre.

On a toujours négocié

Les situations de travail ont toujours impliqué des rapports de pouvoir et des relations d'interdépendance. Ceci n'est pas nouveau. Ce qui l'est en revanche c'est d'en parler. Entre supérieurs et subordonnés, on a négocié depuis toujours. Seulement on ne le disait pas. On faisait semblant de faire autrement : on commandait et on obéissait théoriquement. Par derrière, chacun savait bien selon les situations qu'il y avait des limites et des conditions à ne pas transgresser. Pourquoi cette partie de cache-cache ? Parce que bien souvent la culture ne le permettait pas. Officiellement, l'idéal hiérarchique était la norme, le modèle, la référence,... Sous la pression des évolutions de l'environnement, les cultures d'entreprise doivent évoluer pour permettre un autre modèle managérial, une autre référence,... Ce sera l'objet de la troisième partie de cet ouvrage.

Les situations de travail ont toujours impliqué des rapports de pouvoir et des relations d'interdépendance. Ceci n'est pas nouveau. Ce qui l'est en revanche c'est d'en parler.

Cette évolution primordiale de la culture des entreprises ne sera pas facile. Pourquoi ? Parce que l'une des raisons du silence sur les relations de pouvoir, M. Crozier (1964) a plusieurs fois attiré notre attention sur ce sujet, provient de nos attitudes morales habituelles. Avoir du pouvoir, recourir au pouvoir,... est encore considéré comme forcément immoral. Influencer l'autre devient vite manipulation, donc répréhensible, alors que dans de nombreux cas nous avons pour but d'influencer le comportement de nos collègues, de nos supérieurs et de nos subordonnés. Le mot pouvoir a longtemps été et est encore considéré comme inconvenant fait remarquer R.M. Kanter (1979). Les attitudes ancrées dans notre culture expliquent pour une large part le refus des sciences du management de prendre en compte cette réalité, préférant l'ignorer ou même l'occulter.

Comme toujours dans ce genre de problème, le pouvoir n'est ni moral ni immoral en soi. L'usage qui en est fait exige la réflexion morale. Le pouvoir, lui, est une réalité, l'une des composantes de nos relations. En parler, l'analyser, le prendre en compte en tant que réalité, ne peut que nous aider à mieux maîtriser nos relations et à éviter erreurs et fausses interprétations. Beaucoup d'idées fausses se sont diffusées parce qu'on n'a pas pris en compte cette réalité : nos relations sont aussi des relations de pouvoir. Il ne s'agit pas d'une mode, mais d'une nécessité.

CHAPITRE 8

L'organisation : un système social

L'OBJECTIF DE LA PREMIÈRE PARTIE DE CET OUVRAGE était de décrire l'organisation sous forme d'un système composé de quatre sous-systèmes en interaction : objectifs, techniques, structures et culture. Ce mode de représentation de l'organisation est, à plus d'un égard, bien utile pour le manager. La deuxième partie vise, quant à elle, à doter le manager d'une représentation de l'organisation centrée sur les acteurs, leurs comportements et leurs relations. Ces grilles de lecture représentent la même réalité, l'organisation, mais perçue à travers deux « paires de lunettes » différentes. La seconde ne nie pas l'importance de la première. Bien au contraire. Elle la complète de manière à prendre davantage en considération l'action des salariés sur l'organisation et ses résultats.

Les chapitres 4, 5, 6 et 7 visaient à expliciter les notions et les grilles de lecture, issues de la sociologie des organisations, utiles au manager pour mieux comprendre les comportements au travail. Le présent chapitre montre comment appréhender l'organisation comme un système social, c'est-à-dire un ensemble d'acteurs interdépendants.

Comportements et effets organisationnels

Dans un atelier de décolletage, le chef d'atelier voyait la productivité baisser depuis plusieurs semaines par suite d'un taux croissant d'absentéisme. Il avait fait toutes les comparaisons et toutes les statistiques possibles par rapport aux mois précédents : l'absentéisme, congés maladie de longue durée et congés de maternité exclus, augmentait tant chez les hommes que chez les femmes. Il avait convoqué plusieurs fois ses agents de maîtrise pour leur en parler. Aucune cause spéciale n'avait été évoquée. Certes, « la conscience professionnelle avait disparu », s'entêtaient à ressasser les plus anciens sans chercher à comprendre ce que signifiaient ces mots pièges. A croire qu'on se trouvait confronté à une fatalité.

L'explication vint avec l'arrivée de deux nouvelles machines. Lorsque le chef d'atelier indiqua leur date d'installation, deux semaines plus tard, il sentit une gêne s'installer chez les agents de maîtrise. L'origine de cette gêne résidait dans l'affectation des ouvriers sur ces deux nouvelles machines. A cette occasion, il découvrit qu'une pratique non officielle mais importante avait été abandonnée dans les ateliers. La plupart des opérateurs étant très polyvalents, on pouvait les affecter sur de nombreuses machines en fonction des besoins. Pour les opérateurs, il existait cependant une hiérarchie entre les machines en fonction de la facilité de conduite, du bruit, des réglages à faire, de leur emplacement dans l'atelier,...

Analyse de la situation de l'atelier de décolletage

	Situation 1	**Situation 2**
Environnement	Pas de garantie de retrouver sa place	Garantie de retrouver sa place dans le tour
Enjeux	La place dans le tour pour ne pas recommencer un tour avec les machines désagréables	Plus de problème en cas d'absence
Comportement	Éviter de s'absenter	Moindre hésitation à s'absenter
Résultat	Absentéisme faible, bonne productivité	Absentéisme plus élevé, moindre productivité

Tableau 8.1.

Afin de ne léser personne, les agents de maîtrise respectaient, dans la mesure du possible, tout un ensemble de règles : on passait successivement de machines de moins en moins désagréables, ou de plus en plus agréables, puis on recommençait un tour. Toutefois, après une absence même de courte durée et quelle qu'en soit la cause, rien ne garantissait de retrouver sa place. On devait alors recommencer un tour complet. Depuis quelques mois, sous la pression de la majorité du personnel de l'atelier, les agents de maîtrise avaient « oublié » ce dernier principe. On retrouvait systématiquement sa place dans le tour, surtout si l'absence n'était pas trop longue. L'analyse s'impose d'elle-même (voir tableau 8.1.).

Le chef d'atelier profita de l'arrivée des deux nouvelles machines pour faire appliquer l'ancienne règle malgré les réticences des agents de maîtrise. Les mois suivants, il contrôla régulièrement l'application de la règle et vit l'absentéisme de courte durée diminuer.

On parlera d'effet organisationnel pour qualifier un résultat organisationnel directement lié au comportement des acteurs parties prenantes à un problème à résoudre. Un effet organisationnel est positif quand le résultat produit est conforme aux objectifs organisationnels et négatif dans le cas contraire.

Lorsqu'on observe un effet organisationnel négatif (baisse des ventes, baisse de productivité, chute de production,...) et qu'on peut attribuer la cause du résultat obtenu à des changements de comportement du personnel concerné (visites moins nombreuses des vendeurs, taux d'activité en diminution, pièces défectueuses,...), on a trop souvent tendance à limiter l'analyse à des phénomènes intra-psychiques et à arrêter le diagnostic à ce stade. On parle alors d'un personnel moins motivé, moins courageux ou encore d'un personnel qui se désintéresse de son travail. On tombe alors dans les travers des explications par les dispositions. Certains font même appel à des considérations sociologiques générales (les salariés d'aujourd'hui, les salariés d'hier, on ne veut plus se donner la peine,...), sans se demander pourquoi, dans d'autres entreprises, les mêmes salariés ont des performances satisfaisantes. Une bonne discipline de pensée consiste au contraire à recourir à un raisonnement sur les situations et à se reporter au schéma de la figure ci-dessous comme à un cadre général d'action.

Les effets organisationnels, résultats directement liés aux comportements des acteurs, trouvent leur origine dans les caractéristiques organisationnelles

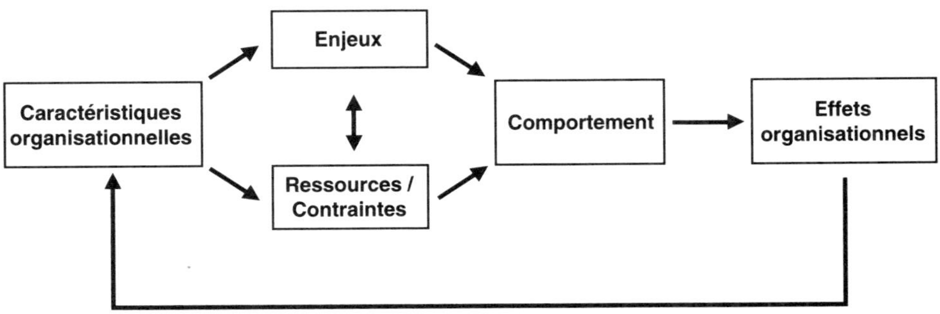

Figure 8.1.

Si les comportements ont changé, quels enjeux ont disparu et quelles ressources et contraintes ont été modifiées (alors qu'ils induisaient ces comportements) ? Quelles caractéristiques organisationnelles ont occasionné ces modifications ? Il conviendra alors de susciter de nouveaux enjeux en modifiant les caractéristiques organisationnelles, traduction au niveau de la situation de l'interaction entre les différents composants du système organisation, pour obtenir les comportements produisant des effets organisationnels plus satisfaisants. D'une certaine manière, on peut dire que le problème du manager consiste à susciter des comportements permettant d'obtenir des effets organisationnels positifs, grâce à des enjeux divers et variés, en instituant des caractéristiques organisationnelles propres à créer ces enjeux par l'intermédiaire des ressources dont il dispose.

Des acteurs à l'organisation

En prenant le point de vue des acteurs, et non plus seulement celui du système tel que décrit dans la première partie de cet ouvrage, on peut, en suivant M. Crozier et E. Friedberg (1977), appréhender l'organisation comme un système d'action concret. Qu'est-ce qu'un système d'action concret ? Selon Ph. Bernoux (1985), c'est la manière dont les acteurs organisent leur système de relations pour résoudre les problèmes concrets posés par le fonctionnement de l'entreprise. Cette notion réintègre au niveau de l'analyse du comportement des acteurs deux des principes essentiels de systémique présentés dans la première partie de cet ouvrage :

1. les acteurs n'agissent pas de manière isolée et indépendante, ils sont au contraire en interaction les uns avec les autres, le comportement des uns dépendant et influençant le comportement des autres, et réciproquement ;
2. le tout est plus que la somme des parties : au fil du temps, leurs relations, qui résultent de micro négociations et d'arrangements entre eux pour résoudre les problèmes auxquels ils doivent faire face, finissent par devenir relativement stables et perdurent souvent bien au-delà de la présence de tel ou tel acteur particulier.

Combien de fois n'a-t-on pas constaté que changer le titulaire d'un poste ne résout pas un problème rencontré dans un service ? Le nouveau recruté se conduit comme son prédécesseur et le problème se reproduit au sein du service. La notion de système d'action concret met en exergue le fait qu'une organisation ne se réduit pas à un ensemble d'acteurs.

Un système d'action concret peut se représenter de deux manières différentes mais complémentaires : le système des règles de relations construit par les acteurs parties prenantes à un problème particulier d'une part, la nature de leurs relations (conflit, alliance ou indifférence) d'autre part. Illustrons ce double mode de représentation en prenant un exemple.

La Société d'Équipements Médicaux

Pendant de nombreuses années, la Société d'Equipements Médicaux (SEM) s'approvisionne et fabrique pour stocks. Elle considère les stocks de produits finis comme de véritables tampons entre la demande de ses clients et sa capacité de production. Ce mode de production ne lui pose pas d'insurmontables problèmes de gestion dans la mesure où son rythme d'expansion efface le coût des stocks. Cependant, depuis quelques années, trois principaux changements apparaissent dans son environnement :

(1) une moindre croissance de ses marchés ;
(2) une diversification des besoins de ses clients qui l'amène à différencier davantage ses produits et à les fabriquer en plus petites séries ;
(3) de nouvelles contraintes de rentabilité imposées par le groupe auquel la SEM appartient qui, notamment pour rembourser ses emprunts, a besoin de liquidité.

La SEM lance alors un ensemble de plans d'action visant à réduire le niveau trop important de ses stocks (30 % de son chiffre d'affaires) pour satisfaire aux critères financiers imposés par le groupe. Le niveau des stocks baisse à l'issue des plans d'action, mais se dégrade à nouveau assez rapidement. La direction générale décide alors de faire preuve de systématisme et impose un nouveau dogme : la fabrication à la commande. On ne lance en fabrication que les produits qui correspondent à une commande prise par les commerciaux. Si le responsable financier voit dans ce nouveau mode de production un moyen radical de diminuer le coût des stocks, ce choix est loin de faire l'unanimité au sein de la SEM. Pour l'usine, la fabrication à la commande augmente encore davantage le nombre de lancements en fabrication et accentue la pression sur les délais. Les commerciaux ne sont pas non plus satisfaits, notamment ceux dont les clients demandent des délais de livraison inférieurs aux délais de fabrication. Ils s'insurgent et font savoir à la direction que ce choix se traduira pour la SEM par une perte nette de chiffre d'affaires. Mais rien à faire, même sous la pression, la direction ne cède pas.

Quelques mois après le changement de mode de fabrication, le calme est revenu. Le niveau des stocks de produits finis a considérablement baissé (il y a bien encore quelques produits en stock, mais très peu : l'exception qui confirme la règle) et, quand bien même le niveau des stocks de composants a, quant à lui, assez notablement augmenté et les prises de commandes un peu diminué par rapport aux périodes similaires des années précédentes, le bilan de l'opération est largement positif pour le responsable financier. L'usine et les commerciaux semblent avoir trouvé moyen de composer avec ses nouvelles règles. Que se passe-t-il concrètement ?

Les équipements médicaux de la SEM sont fabriqués à partir d'une multitude de composants. L'usine s'approvisionne en composants sur la base des prévisions de prises de commandes faites par les commerciaux. Les délais d'approvisionnement des composants auprès des fournisseurs sont en moyenne quatre fois plus importants que les délais de fabrication de la SEM. Quand un client n'est pas livré à temps, ce qui malgré le mode de production pour stocks n'est pas rare, c'est souvent plus parce qu'un ou plusieurs composants manquent et que donc le lancement en fabrication est retardé, que parce que les délais de fabrication de la SEM sont trop longs. Tant que la SEM fabrique pour stocks, les rapports entre les commerciaux et l'usine au moment de l'élaboration des prévisions sont souvent conflictuels. Les commerciaux ont en effet tendance à faire des sur-prévisions de manière à prendre le plus de sécurités possible sur les composants nécessaires à la fabrication des produits alors même que le niveau des stocks de composants est un des indicateurs d'efficience de l'usine. Cette dernière a ainsi le sentiment d'être responsable des conséquences du « chèque en blanc » signé aux commerciaux.

Dans le nouveau système, l'usine et les commerciaux vont passer une alliance et construire ensemble un système de règles de relations très différent du précédent :

- les commerciaux négocient avec leurs clients traditionnels des délais de livraison un peu plus longs, mais en s'engageant fermement à les tenir de manière plus constante que par le passé (la plupart accepte, les commerciaux perdant ainsi très peu de clients) ;

- l'usine garantit l'engagement pris par les commerciaux auprès de leurs clients en acceptant de supporter les conséquences des sur-prévisions au niveau des stocks de composants ;
- en contrepartie, les commerciaux acceptent des délais de fabrication un peu plus longs pour permettre à l'usine d'attendre plusieurs commandes de produits similaires avant de lancer en fabrication et donc de minimiser le nombre de lancements.

L'organisation : une mosaïque de systèmes d'action concrets

L'organisation est une mosaïque de systèmes d'action concrets construits autour de chacun des problèmes concrets que les membres de l'entreprise ont à résoudre ensemble au quotidien. A chaque type de problèmes correspond un système de règles et de relations particulier.

Un système d'action concret n'est finalement rien d'autre qu'une solution organisationnelle, un processus pour reprendre un terme à la mode (M. Hammer et J. Champy, 1993), c'est-à-dire la réponse de l'organisation au problème qu'elle a à résoudre : système d'action concret et solution organisationnelle sont les deux faces d'une même réalité. Alors pourquoi les différencier ? Parce que ces deux portes d'entrée sur la réalité organisationnelle n'ont pas la même utilité pour le manager. Représenter l'organisation sous forme d'un système d'action concret est particulièrement utile dans les situations où on observe un effet organisationnel négatif, c'est-à-dire un résultat non conforme aux objectifs organisationnels et qu'on suppose que cet écart est directement lié aux comportements des acteurs parties prenantes et aux relations qu'ils entretiennent entre eux. Plus qu'un système d'action concret en tant que tel, l'organisation est en fait une mosaïque de systèmes d'action concrets construits autour de chacun des problèmes concrets que les membres de l'entreprise ont à résoudre ensemble au quotidien. A chaque type de problèmes correspond un système de règles et de relations particulier. La nature des relations entre les mêmes acteurs pourra varier d'une situation à l'autre : usine et commerciaux pourront être alliés au niveau du lancement des produits en fabrication, mais en conflit au niveau de la définition des fonctionnalités des nouveaux produits.

L'organisation est une mosaïque de systèmes d'action concrets

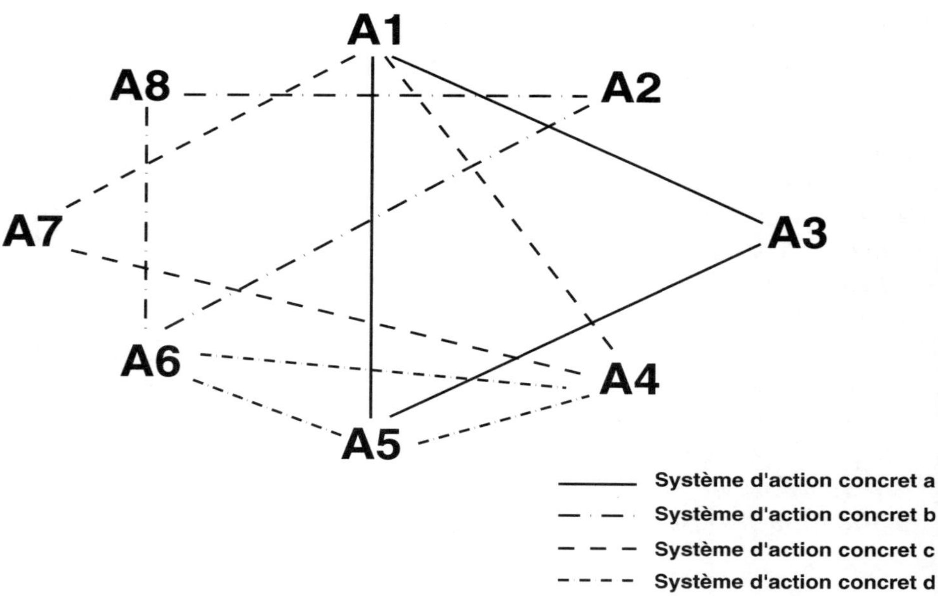

Figure 8.2.

Cette représentation de l'organisation n'est pas globale, mais locale. Elle met l'accent sur le fait que la régulation sociale de l'organisation résulte d'ordres locaux pour reprendre l'expression d'E. Friedberg (1993). Quand on change un des sous-systèmes du système organisation (objectifs, techniques, structures ou culture), on modifie le plus souvent plusieurs systèmes d'action concrets. Un même acteur pourra « gagner » au changement dans un cas et « perdre » dans un autre. Pour lui, le changement n'aura pas une unique conséquence, mais des conséquences multiples qui pourront être contradictoires les unes avec les autres. L'acteur qui initie et conduit le changement appréhende le plus souvent l'organisation dans sa globalité par le système alors que les acteurs concernés par le changement vivent ce dernier localement au niveau des systèmes d'action concrets. Lors d'un changement, les situations qui structurent les rationalités de celui qui entreprend le changement et de ceux qui sont concernés par le changement ne sont pas les mêmes. Ceci explique d'une part, pourquoi il est extrêmement difficile d'anticiper le comportement des individus concernés par un changement organisationnel et, d'autre part, pourquoi les comportements effectivement adoptés peuvent *a priori* paraître « irrationnels ».

Les étapes d'une méthode de diagnostic socio-organisationnel

Une démarche en six étapes permet de mettre en évidence un système d'action concret :

1. Partir d'un problème précis, c'est-à-dire d'une situation qui pose problème ;
2. Identifier les acteurs parties prenantes à la résolution du problème identifié, un acteur étant ici défini comme un individu en particulier ou un groupe d'individus qui adoptent un comportement identique face à la situation ;
3. Spécifier la nature des relations qui lient ces acteurs les uns aux autres (conflit, alliance ou indifférence) ;

4. Pour chacun d'eux, caractériser les enjeux générés par les caractéristiques organisationnelles de cette situation ;
5. Repérer les ressources de chaque acteur (son pouvoir sur les autres) et les contraintes avec lesquelles il doit composer (le pouvoir des autres sur lui) ;
6. Reconstituer la rationalité du comportement de chacun des acteurs, c'est-à-dire leur meilleure réponse au problème que leur pose la situation.

L'efficacité de l'organisation à travers le prisme des acteurs

Deux principes rendent compte de l'efficacité du système organisation disions-nous au chapitre 3 : la contingence et la cohérence entre chacun des quatre sous-systèmes. Comment interpréter ces principes relatifs aux conditions d'efficacité du système organisation quand on prend le point de vue des acteurs ? Il y a deux manières différentes et complémentaires de le faire.

Aire de rationalité et dissonance cognitive

D'une part, la rationalité des acteurs est limitée par des facteurs individuels (capacités cognitives, dispositions sociales, émotions), mais également contextuels. Une incohérence entre l'organisation et les exigences de son environnement ou entre les sous-systèmes qui la composent, réduit ce que H.A. Simon (1947) appelle « l'aire de rationalité » des acteurs. Pourquoi ? Parce qu'une incohérence, de quelque nature qu'elle soit, déséquilibre l'environnement cognitif de l'individu. Les individus ont besoin de cohérence pour agir. En reprenant les termes du psychologue L. Festinger (1957), on peut dire qu'une incohérence organisationnelle met les individus dans une situation de dissonance cognitive. Plus les incohérences sont nombreuses au niveau de l'organisation, plus les informations qui parviennent aux individus sont dissonantes et plus leur rationalité est limitée. Une des fonctions essentielles du manager vise au contraire à accroître « l'aire de rationalité » de ses collaborateurs, en particulier en rendant leur environnement organisationnel cohérent.

Renforcement des zones d'incertitude et perte d'énergie

D'autre part, les incohérences organisationnelles sont source de contradictions et donc d'incertitudes. Que croire quand des informations incohérentes ou contradictoires me parviennent ? Les incohérences organisationnelles multiplient les zones d'incertitude et donc amplifient les rapports de pouvoir. Qui plus est, parce que ces zones d'incertitude ne sont pas « naturelles », elles limitent d'autant les possibilités de canaliser les rapports de pouvoir et de réorienter le pouvoir vers de nouveaux objectifs organisationnels. La part d'énergie consacrée par les acteurs à lutter entre eux peut alors devenir disproportionnée par rapport à celle qu'ils consacrent à produire collectivement un résultat convergent avec les objectifs organisationnels.

Gardons cependant bien à l'esprit que la cohérence organisationnelle pure et parfaite est un mythe. Comme nous le soulignions dans le chapitre 3, l'incohérence est la règle et la cohérence l'exception. Les organisations refusent simplement un degré trop élevé d'incohérence entre chacun de leurs sous-systèmes. On doit à R.M. Cyert et J.G. March (1963), qui ont conceptualisé la notion de « slack organisationnel », de comprendre pourquoi mêmes incohérentes, les organisations fonctionnent. Là encore, partir du point de vue des acteurs est riche d'intérêt.

Le « slack organisationnel » : réserve de l'entreprise

Toute entreprise entretient de multiples échanges avec son environnement d'une part, avec les individus qui la composent d'autre part. Elle fabrique des produits ou fournit des services en échange de ressources, le plus souvent financières. Elle attend de ses salariés des contributions, en échange de quoi, elle les rétribue. Souvenons-nous que les individus sont satisfaits s'ils estiment qu'ils sont rétribués à la hauteur de leur contribution.

La différence entre les ressources de l'entreprise et les paiements nécessaires pour satisfaire ses salariés constitue une réserve qui permet à l'entreprise de fonctionner

Figure 8.3.

Les ressources totales de l'entreprise, issues des produits ou services vendus au fil du temps, sont, sur le moyen et long terme, supérieures à ce qui est nécessaire pour rétribuer les individus à la hauteur de leurs attentes. La différence entre les ressources totales de l'entreprise et les paiements nécessaires pour satisfaire ses salariés constitue le « slack organisationnel », une sorte de réserve qui permet à l'entreprise de fonctionner, y compris dans l'incohérence. En effet, le « slack organisationnel » absorbe une partie importante des incohérences organisationnelles dues aux variations de l'environnement. Si les seuls mécanismes d'adaptation de l'organisation étaient l'ajustement en temps réel entre le montant des ressources et le niveau des rétributions, le système serait totalement instable, même si les fluctuations de l'environnement étaient très minimes. Le « slack organisationnel » stabilise le système de deux manières :

1. en absorbant les excès de ressources, il retarde les ajustements au niveau des rétributions pendant les bonnes périodes ;
2. en fournissant un potentiel de ressources de secours, il permet de satisfaire un niveau satisfaisant de rétributions pendant les périodes moins favorables.

Les points clés de la deuxième partie

Situation et dispositions sont les deux facteurs explicatifs de tout comportement humain au travail. Les pratiques de management les plus fréquemment utilisées encore aujourd'hui favorisent des explications du comportement humain plutôt centrées sur les dispositions. Pourtant, une approche, qui appréhende nos comportements comme nos réponses aux problèmes que nous posent les situations auxquelles nous avons à faire face, est plus utile au manager parce que plus fidèle aux réalités organisationnelles et surtout plus opérationnelle. On peut agir sur les situations. En revanche, agir sur les dispositions n'a rien d'évident.

L'individu est rationnel, ce qui ne veut pas dire raisonnable, mais sa rationalité est limitée par des facteurs tant contextuels qu'individuels. Le comportement d'un individu est stratégique dans la mesure où il vise à obtenir ou éviter ce qu'il considère être les enjeux de la situation dans laquelle il se trouve en fonction des ressources à sa disposition et des contraintes avec lesquelles il doit composer.

Les enjeux d'une situation de travail sont les caractéristiques de cette dernière auxquelles les salariés attachent de l'importance parce qu'elles leur apportent des avantages ou occasionnent des inconvénients. Contrairement aux besoins abstraits et généraux de la théorie des motivations, les enjeux sont concrets et particuliers à une situation. Ils constituent ainsi des leviers d'action pertinents pour le management.

Le pouvoir, que l'on peut définir comme l'inverse de la dépendance, réside dans la capacité à maîtriser des zones d'incertitude non précisément définies et délimitées au sein de l'organisation.

.../...

.../...

Les effets organisationnels trouvent leur origine dans les caractéristiques organisationnelles, traduction au niveau d'une situation particulière des interactions entre les différents composants du système organisation. Le problème du manager consiste alors à susciter des comportements convergents permettant d'obtenir des effets organisationnels positifs, grâce à des enjeux divers et variés, en instituant des caractéristiques organisationnelles propres à créer ces enjeux par l'intermédiaire des ressources dont il dispose.

En prenant le point de vue des acteurs, l'organisation peut se concevoir comme une mosaïque de systèmes d'action concrets, manières dont les acteurs organisent leur système de relations pour résoudre les problèmes concrets posés par le fonctionnement de l'entreprise. Se représenter l'organisation sous la forme d'un système d'action concret est particulièrement utile au manager quand il observe un effet organisationnel négatif, c'est-à-dire un résultat non conforme aux objectifs organisationnels directement lié aux comportements des acteurs parties prenantes au problème à résoudre.

TROISIÈME PARTIE

Changer le management pour manager le changement

Quels sont les apports de la sociologie des organisations au management ? Comme le souligne E. Friedberg (1996), elle permet d'augmenter la capacité d'action des managers en leur permettant de comprendre la nature complexe et multirationnelle des systèmes humains qu'ils dirigent, d'en saisir et d'en décoder les dynamiques sociales et politiques, et ainsi d'en diagnostiquer les dysfonctionnements. S'il veut bien l'écouter, le sociologue fournit également des mises en garde au manager. Par exemple, celui qui entreprend un changement perçoit l'organisation de manière globale alors que ceux qui sont concernés par le changement le vivent de manière locale. Si on n'y prend garde, les deux rationalités peuvent ne pas se rencontrer. Peut-on aller plus loin dans les apports de la sociologie au management ?

Selon certains sociologues, la production et la diffusion d'une connaissance sociologique, par exemple à travers la restitution des résultats d'une enquête, permettraient de faire changer le système en rendant caduc le fonctionnement de l'organisation actuelle. Notre pratique d'intervention nous laisse très sceptiques sur une telle contribution de la sociologie au management. Pour que l'organisation change, il faut aussi agir sur le système, c'est-à-dire modifier un ou plusieurs sous-systèmes.

La restitution et la discussion du diagnostic, centré sur les acteurs, peut être un moyen fécond de faire prendre conscience de la nécessité ou de l'intérêt de changer. C'est ce que les spécialistes de la conduite du changement appellent le dégel, première des trois phases de tout processus de changement. Nous y reviendrons plus longuement dans le chapitre 11. La production et la diffusion de connaissances sociologiques peuvent, dans certains cas, être une condition nécessaire au changement, mais en aucun cas une condition suffisante. C'est pourquoi la « paire de lunettes » du sociologue ne se substitue pas à celle présentée dans la première partie de l'ouvrage qui permet d'appréhender l'organisation comme un système et ainsi d'agir sur ce dernier pour le transformer.

De notre point de vue, les sociologues ne nous aident pas beaucoup à intégrer leur savoir dans et pour l'action (mais est-ce leur rôle ?). Nous devons faire ce chemin seuls. C'est en empruntant un chemin de traverse, en faisant un détour par la littérature consacrée à la négociation (chapitre 10) que nous allons nous y essayer dans cette troisième partie. Pourquoi la négociation ? Parce que vu l'importance des questions de pouvoir dans les organisations, une profonde coopération ne peut s'établir qu'à travers une relation de négociation. Coopérer signifie fondamentalement négocier. Le management, aussi bien de ses collaborateurs (Chapitre 11) que d'un changement organisationnel (Chapitre 12), consiste alors d'une certaine manière à créer des conditions favorables à la négociation.

Avant de voir comment utiliser le savoir du sociologue dans et pour l'action, le chapitre 9 sera consacré à examiner pourquoi, compte tenu des évolutions organisationnelles, la sociologie des organisations présente un intérêt de plus en plus important pour le management.

CHAPITRE 9

Nouveau modèle organisationnel, nouvelles exigences managériales

SOUS LA PRESSION DE L'ÉVOLUTION DES ENVIRONNEMENTS ÉCONOMIQUE (mondialisation de l'économie, concurrence accrue, développement des nouveaux pays industrialisés,...) et technique (informatique, télématique, automatisation,...), les objectifs des entreprises se complexifient : recherche de flexibilité et qualité viennent s'ajouter à la quête de la productivité qui garde toute son importance. Les entreprises vivent ainsi de profonds changements. Ces derniers ébranlent un peu plus à chaque fois le modèle organisationnel qui constitue leurs fondations, parfois jusqu'à le remettre complètement en cause. Dans la littérature managériale, qui n'a jamais fait autant usage du mot changement, les débats vont bon train.

Vers un nouveau modèle organisationnel ?

Pour certains observateurs attentifs de la vie des affaires, un nouveau modèle organisationnel voit le jour. Selon S. Ghoshal et C. Bartlett (1997) par exemple, nous passerions du modèle dit de « l'homme organisationnel » (expression due au sociologue américain W. Whyte qui met l'accent sur le fait que l'homme doit rentrer dans le moule de l'organisation), qui trouve ses racines dans les principes de l'Organisation Scientifique du Travail de F.W. Taylor et dans les travaux de M. Weber sur la bureaucratie, au modèle dit de « l'entreprise individualisée » (l'organisation se structure à partir et autour des hommes de manière à tirer le plus grand parti possible de leurs compétences). Ce dernier présente trois principales caractéristiques en rupture complète avec celles du modèle précédent :

- l'entreprise est composée de petites unités autonomes et déconcentrées ;
- de manière à s'adapter à un environnement évolutif, les structures de l'entreprise intègrent en elles-mêmes l'idée de changement ;
- et, enfin, on attend de ses salariés, tout au long de la chaîne hiérarchique, qu'ils fassent preuve d'initiative et d'innovation.

La littérature managériale abonde en ce moment, d'une part de témoignages de dirigeants ayant transformé leur entreprise pour la faire évoluer vers le modèle de « l'entreprise individualisée » (modèle nommé de différentes manières selon les auteurs : entreprise transversale, entreprise post-industrielle, entreprise coopératrice,...) et, d'autre part, d'essais théoriques visant à poser les bases conceptuelles de ce modèle en émergence. Ce dernier n'est pourtant pas si nouveau que cela. Dans les années 1960 déjà, T.R. Burns et G.M. Stalker (1966), dans une étude pionnière sur le lien entre les caractéristiques de l'environnement et les structures d'entreprise, avaient conceptualisé un modèle organisationnel dit « organique » (par opposition au modèle dit « mécanique »), adapté à des environnements particulièrement instables (changements fréquents des technologies et du marché), dont les caractéristiques sont proches de celles du modèle de « l'entreprise individualisée » de S. Ghoshal et C. Bartlett.

L'organisation des entreprises « organiques », dont l'efficacité résulte principalement de leur capacité d'adaptation, est flexible. Leurs structures sont décentralisées et l'ajustement mutuel, c'est-à-dire les relations informelles entre leurs salariés, est leur principal mode de coordination. Enfin, leurs salariés peuvent être amenés à tenir plusieurs rôles simultanément. Ce qui est nouveau peut-être, c'est que, compte tenu de l'évolution des environnements, ce modèle organisationnel, hier confidentiel, marginal et adopté par des types très particuliers d'entreprises, se diffuse aujourd'hui largement pour sans doute se généraliser encore davantage demain.

Un modèle organisationnel traditionnel dépassé, mais non remplacé

Cet avis ne fait cependant pas l'unanimité. En effet, pour d'autres observateurs non moins attentifs (I. Francfort, F. Osty, R. Sainsaulieu et M. Uhalde, 1995), le modèle organisationnel traditionnel serait bel et bien dépassé mais non remplacé à ce jour. Il fait bien l'objet d'amendements plus ou moins profonds, des évolutions indéniables ont eu lieu, mais ces dernières seraient ni suffisamment importantes ni suffisamment convergentes les unes avec les autres pour que l'on puisse réellement parler de rupture organisationnelle. L'émergence d'un nouveau modèle prendra encore certainement quelques années. Nombre d'entreprises sont actuellement en mutation et, comme dans toute période de transition, leurs salariés sont condamnés à vivre quelque temps encore dans le flou, l'incohérence et la contradiction.

Si le débat n'est pas clos, tout le monde semble s'accorder sur un point : l'organisation des entreprises a profondément évolué ces dernières années. Raccourcissement des lignes hiérarchiques et structure plate, transversalité et processus, organisation en réseau et par projet, polyvalence et groupes autonomes, décentralisation et subsidiarité,... sont les principaux mots d'ordre des deux dernières décennies en matière d'organisation et de management. Ces évolutions trouvent deux traductions concrètes au niveau des situations de travail : autonomie accrue et officialisée à tous les niveaux de la chaîne hiérarchique d'une part, plus grande coopération entre des salariés appartenant à des services, départements,... différents d'autre part.

Raccourcissement des lignes hiérarchiques et structure plate, transversalité et processus, organisation en réseau et par projet, polyvalence et groupes autonomes, décentralisation et subsidiarité,... sont les principaux mots d'ordre des deux dernières décennies en matière d'organisation et de management.

Autonomie et coopération au cœur des configurations organisationnelles actuelles

Dans une organisation traditionnelle, on attend fondamentalement des salariés qu'ils respectent des règles, procédures, modes opératoires,... définis par d'autres. L'autonomie reconnue à ceux qui agissent, par opposition à ceux qui pensent, est limitée. On entretient même pendant un temps le fantasme de la faire disparaître complètement. En jouant avec et sur les règles, chaque salarié arrive cependant toujours à se reconstituer un minimum de marge de liberté. Mais cette dernière est clandestine, c'est-à-dire non reconnue au sein de l'organisation. Ce qui change, c'est qu'on accorde et reconnaît explicitement davantage d'autonomie aux salariés. Cette autonomie est plus importante d'une part, légitime et reconnue d'autre part. Mais attention : elle est moins un moyen de répondre à de nouveaux besoins psychologiques, qu'un moyen d'accroître l'efficacité de l'entreprise.

Pourquoi ? Parce qu'elle permet de placer le pouvoir de décision au plus près de là où émergent les problèmes, de faire face rapidement aux aléas, de développer esprit d'initiative et d'innovation tout au long de la chaîne hiérarchique et plus seulement au sommet de l'organisation,... autant d'atouts permettant à l'entreprise d'accroître sa capacité d'adaptation aux turbulences d'environnements de plus en plus globaux et de moins en moins prévisibles. Comme le souligne C. Everaere (1999), l'autonomie se justifie précisément du fait de l'incapacité de prévoir et de prescrire l'ensemble des cas de figure et des situations que l'individu est susceptible de rencontrer dans l'exécution de son travail. Pour apporter des solutions à des problèmes de plus en plus diversifiés, faire face aux aléas d'environnements de moins en moins prévisibles, le tout sous forte contrainte d'urgence et de coût, les organisations « modernes » cherchent, sous diverses formes, à réunir ce que Taylor avait séparé : la conception et l'exécution du travail.

Là où les organisations traditionnelles sont parcellisées et verticalisées, on cherche à développer la transversalité et le travail de groupe dans des structures en réseau et par projet. De spécialisés et mono-activité, les salariés deviennent polyvalents, multi-appartenants et dépendants davantage les uns des autres pour remplir leur mission réciproque : rattachés à une ou plusieurs unités d'organigramme, par exemple dans le cadre de structures matricielles, ils contribuent à différents processus, participent simultanément à plusieurs projets,... Dans ces conditions, les entreprises peuvent de moins en moins se payer le luxe d'une importante coordination formelle (relations hiérarchiques, procédures,...), le plus souvent synonyme de rigidité et de lourdeur. Elles ont besoin de davantage de souplesse, de réactivité et d'interdépendance pour s'adapter à leur environnement.

La coopération : un ajustement mutuel

L'efficacité des entreprises dépend aujourd'hui plus des conditions de coopération qu'elles ont réussies à mettre en place, entre des salariés appartenant à des services voire des départements différents, que de règles et procédures de coordination moins compatibles avec la recherche de flexibilité. Or, comme l'explique F. Dupuy (1998), la coordination formelle épargne aux salariés le coût psychologique de la coopération. Pourquoi ? Parce que la coopération est un ajustement mutuel, suppose un contact direct entre les salariés et la négociation des décisions à prendre. La coordination formelle, quant à elle, permet de minimiser les relations de face-à-face, ces dernières étant médiatisées par les règles et les procédures.

Les salariés d'aujourd'hui, éduqués et informés, ressemblent peu à ceux qui travaillaient dans les ateliers des usines Ford au début du siècle. Ils sont plus aptes à prendre des initiatives, faire face aux imprévus, s'adapter aux changements,... en d'autres termes à mettre leur intelligence au service de la résolution de problèmes complexes, particuliers et évolutifs. Leurs attentes à l'égard du travail ont également évolué : aspiration au progrès et à l'autonomie, réalisation de soi,... sont certainement des besoins psychologiques qu'on cherche à satisfaire davantage par son travail aujourd'hui qu'hier. Ces aspirations trouvent de moins en moins à s'épanouir dans des organisations taylorisées et bureaucratiques. L'émergence d'un nouveau modèle organisationnel est ainsi à la fois rendue possible par les évolutions sociologiques, et serait en même temps une réponse pertinente à ces dernières.

Le pouvoir est davantage réparti au sein de l'entreprise

Mais attention, si on demande aux salariés de mettre davantage leur intelligence au service de l'entreprise, parce que son efficacité en dépend davantage, ils la mettront aussi nécessairement au service de leurs propres objectifs. Dans les organisations actuelles, il leur est demandé de faire preuve d'initiative et de créativité, ce qui est exactement à l'opposé de ce qui était attendu d'eux dans le modèle traditionnel. Or, en demandant à leurs salariés des compétences croissantes, plus de flexibilité et d'initiative, les entreprises leur donnent plus de pouvoir en devenant plus dépendantes d'eux. Le pouvoir est alors moins concentré au sommet de l'entreprise, et davantage réparti en son sein. Nous avons en effet trop souvent tendance à oublier que l'autonomie a, tel Janus, un double visage : réactivité, adaptabilité et flexibilité synonyme d'efficacité d'un côté, accroissement du pouvoir de l'autre. Le pouvoir est la contrepartie de l'autonomie. En outre, en misant davantage sur la coopération d'individus appartenant à des entités différentes, les entreprises donnent à leurs salariés une plus grande capacité d'exercice de ce pouvoir renforcé et, par là même, une plus grande influence sur leur efficacité.

Pour les sociologues, les salariés, quel que soit leur niveau hiérarchique et y compris dans les organisations bureaucratiques et tayloriennes les plus formalisées, sont tous des acteurs parce qu'ils arrivent toujours à se reconstituer un espace de liberté et donc une capacité de choix. Ce qui change dans les configurations organisationnelles actuelles, c'est qu'on attend explicitement que les salariés soient des acteurs, y compris de leur propre devenir professionnel. Il n'y a plus une politique de Gestion des Ressources Humaines qui ne le proclame pas. Pour faire face à la complexité croissante des situations, on mise sur les salariés devenus acteurs, et plus seulement sur l'organisation. Ce faisant, l'individu devient une véritable ressource pour le management. L'expression Gestion des Ressources Humaines prend alors tout son sens.

Pour faire face à la complexité croissante des situations, on mise sur les salariés devenus acteurs, et plus seulement sur l'organisation.

Le pouvoir ne peut plus seulement être une curiosité de sociologue

Ce nouveau statut de l'individu dans l'organisation a une contrepartie. En lui reconnaissant plus d'autonomie et en comptant davantage sur ses compétences pour résoudre des problèmes que lui seul peut résoudre, on lui accorde davantage de pouvoir. Pouvoir et relations de pouvoir ont existé de tout temps dans les organisations, mais n'intervenaient pas suffisamment pour qu'on s'en préoccupe dans la mise en œuvre des conditions de leur efficacité. Il n'en va plus de même dans les configurations organisationnelles actuelles. En étant davantage réparti au sein de l'entreprise, le pouvoir cesse d'être seulement une curiosité de sociologue pour devenir une notion pertinente pour le management et fait ainsi de la sociologie des organisations un immense réservoir de connaissances pour le manager. Plus que de nier les phénomènes de pouvoir et de chercher à ne pas les voir, il doit apprendre à les utiliser comme des leviers d'action pour accroître l'efficacité du service, département,... dont il a la responsabilité. Il doit apprendre à en faire une opportunité plutôt qu'une contrainte pour l'action collective.

Avec la notion de zone d'incertitude développée au chapitre 7, on comprend bien pourquoi le pouvoir est aujourd'hui une notion pertinente, voire primordiale pour le management alors qu'auparavant elle n'intéressait que les sociologues. Compte tenu des évolutions économiques, technologiques, sociales et culturelles, l'environnement des entreprises est de plus en plus incertain. Mondialisation de l'économie, accélération du cycle de vie des produits, technologies de plus en plus coûteuses et complexes, consommateurs avertis et plus volatils, salariés mieux formés et plus individualistes,... sont autant de facteurs qui génèrent de l'incertitude et de la complexité. Dans les entreprises actuelles, les zones d'incertitude sont bien plus importantes et nombreuses que dans les entreprises d'hier. La solution organisationnelle : accorder une plus grande autonomie aux salariés et miser davantage sur leurs compétences. Pourquoi ? Parce que seule la personne humaine est capable de faire face à la complexité et à l'incertitude. Ce faisant, les entreprises accordent à leurs salariés plus de pouvoir. Si la sociologie des organisations devient un savoir pertinent pour le management et, par là même, le système social une « paire de lunettes » pertinente pour penser l'organisation, y agir avec plus de pertinence et y prendre des décisions plus judicieuses, c'est ainsi avant tout parce que, dans les configurations organisationnelles actuelles, le pouvoir est davantage réparti au sein des entreprises.

De nouvelles exigences managériales

Une situation radicalement nouvelle

Il y a un prix à payer à tout cela : une entreprise composée d'acteurs avec du pouvoir ne se manage pas comme une entreprise composée d'agents davantage contraints par leur situation de travail. Dans le contexte organisationnel actuel, le management passe moins par la limitation des degrés de liberté des salariés de tout niveau hiérarchique, condition d'efficacité de l'entreprise, que par la capacité à exploiter au mieux la dynamique qui en résulte. Dans cette perspective, la réussite du manager est en grande partie fonction de sa capacité à utiliser et gérer les enjeux de pouvoir. Ces derniers deviennent un des principaux moteurs de l'action. A la manière du judoka qui utilise et s'appuie sur la puissance de son adversaire pour le faire basculer plus facilement, le manager doit utiliser le pouvoir de ses subordonnés et les relations de pouvoir pour favoriser l'efficacité de l'unité dont il a la responsabilité. Seule une relation de négociation entre managers et managés, plus complexe et plus subtile que la traditionnelle relation hiérarchique, le permettra. Manager le changement nécessite de changer le management en profondeur.

Une entreprise composée d'acteurs avec du pouvoir ne se manage pas comme une entreprise composée d'agents davantage contraints par leur situation de travail.

La notion de pouvoir est l'un des grands absents de la littérature managériale du xxe siècle, disions-nous en introduction du chapitre 7. Pourquoi ? Parce que, jusque-là, l'efficacité de l'entreprise résultait principalement des règles, procédures, modes opératoires,.... Ces derniers structuraient les rôles de chacun et les compétences requises pour les tenir. Il était demandé aux salariés de les suivre et de les respecter. Leur rôle n'était pas de penser, mais de reproduire le plus fidèlement possible ce qui avait été pensé en particulier par le bureau des méthodes. Pour expliquer les comportements « déviants », c'est-à-dire non conformes à ceux requis par les situations de travail, on faisait appel aux dispositions des salariés : traits de personnalité et de caractère, besoins psychologiques,... Pouvoir et relations de pouvoir n'étaient pas réellement pertinents pour le management. L'organisation était suffisamment formalisée et précisément définie pour que, en la faisant évoluer, on agisse quasi mécaniquement sur les comportements. Cela générait parfois des effets pervers, justement quand on avait sous-estimé les phénomènes de pouvoir, mais on était prêt à en payer le prix (souvent une déformation de l'organisation lors de sa mise en œuvre) et on reportait la faute sur les salariés en mettant en avant leur incapacité ou leur mauvaise volonté. On ne pourra plus manager sans ou à côté du social.

Pouvoir et coopération : deux mots clés pour le management

Pourquoi ne peut-on plus seulement raisonner comme avant ? Simplement parce que, du fait de leur pouvoir renforcé, un nombre croissant de salariés ont aujourd'hui davantage les moyens d'agir sur leurs situations de travail. Entre ces dernières et des salariés devenus « officiellement » acteurs, la relation n'est plus univoque, mais nécessairement réciproque. L'efficacité d'entreprises plus transversales dépend ainsi de plus en plus de leur capacité à obtenir, à travers et malgré les phénomènes de pouvoir, le niveau nécessaire de coopération entre leurs salariés grâce à des contrats bien plus complexes qu'on ne l'a imaginé pendant longtemps.

Pouvoir et coopération sont deux mots clés pour le management dans le contexte organisationnel d'aujourd'hui et de demain. Un des challenges pour le management dans les années à venir : gérer la complexité des relations de pouvoir que les acteurs tissent entre eux et en faire un atout, plus qu'une contrainte, pour l'efficacité de l'entreprise. Ces nouvelles exigences managériales, qui font une place de choix à la négociation, trouvent deux terrains d'expression privilégiés : la relation supérieur/subordonné et la conduite du changement organisationnel. Chacun de ces deux thèmes fera l'objet d'un chapitre.

CHAPITRE 10

La négociation comme mode de management

LES SITUATIONS DE TRAVAIL ont toujours impliqué des relations de négociation. On négociait sans le savoir, comme Monsieur Jourdain... Dans les configurations organisationnelles actuelles où le pouvoir est davantage réparti au sein de l'entreprise, la négociation est de plus en plus indispensable pour établir les conditions d'une coopération entre des salariés appartenant à des services voire des départements différents. On ne peut plus seulement négocier sans le savoir. La négociation doit devenir un mode de management explicite pour faire du pouvoir et des relations de pouvoir le moteur des capacités d'action d'acteurs ayant à résoudre par eux-mêmes les problèmes auxquels ils se trouvent confrontés dans l'exécution de leur travail. Apprendre à mieux négocier d'une part, faire pénétrer la négociation comme mode de relations interpersonnelles légitime dans la culture d'entreprise d'autre part, donnent un avantage concurrentiel à l'entreprise. Mais qu'est-ce que la négociation et quelles sont les caractéristiques d'un négociateur efficace ? L'ambition de ce chapitre est d'apporter des éléments de réponse à ces questions.

Qu'entend-on par négocier ?

C. Dupont (1994), auteur d'un des livres en langue française les mieux documentés sur le sujet, propose de définir la négociation en faisant appel à quatre notions : celles d'interaction, d'acteur, de divergence et de recherche d'un arrangement. Peut-être aurait-il dû en ajouter une autre : celle de dépendance et son corollaire celle de pouvoir. Passons-les en revue une par une et montrons en quoi elles caractérisent aussi les situations de management en prenant l'exemple des relations supérieur/subordonné.

Négocier constitue une situation d'interaction spécifique et singulière. On parle de négociation dans les situations de vente, de rapport entre employeurs et syndicats ou bien entre représentants de nations. La majorité des livres et des recher-

Qu'est-ce que la négociation ?

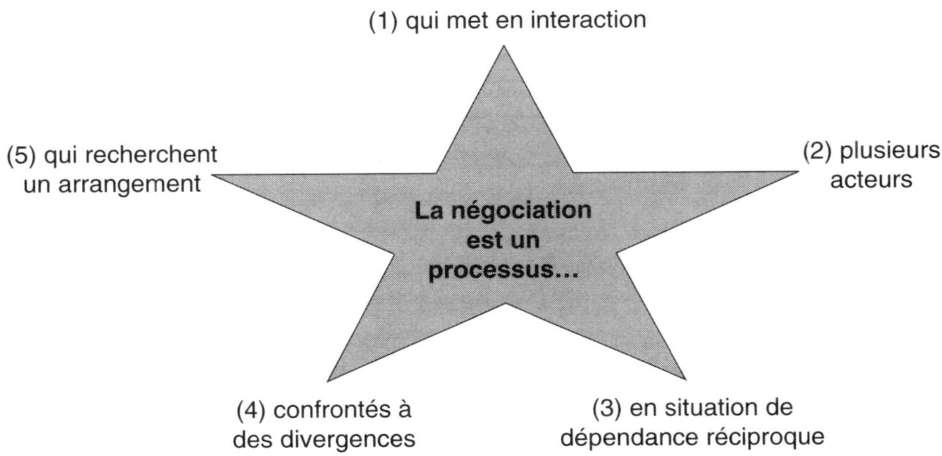

Figure 10.1.

ches sur la négociation concernent principalement ces situations d'interaction. Cependant, l'importance des situations de négociation dans la vie et le fonctionnement quotidien des entreprises a pris une ampleur telle qu'on parle d'entreprise négociatrice (D. Chalvin, 1997) ou du manager comme d'un négociateur (D.A. Lax et J.K. Sebenius, 1986). Insister sur les situations de négociation dans la gestion des entreprises n'a finalement rien de surprenant, surtout dans les configurations organisationnelles actuelles où le pouvoir est davantage réparti au sein de l'entreprise. Il reste que cette situation gêne souvent les managers, peu préparés et peu formés à l'affronter, à qui pourtant elle s'impose de plus en plus. Le refuge dans les questions techniques ou les tableaux de bord, l'isolement dans des rapports bureaucratiques trouvent leur origine pour partie dans une fuite devant les situations où on ne peut se contenter de donner des ordres, car ces derniers se retrouveraient rapidement sans portée. Craignant de devoir se montrer doux lorsqu'on ne peut se contenter d'être dur ou conciliant alors qu'on ne se veut que ferme, on refuse la négociation. Les relations interpersonnelles se sclérosent alors encore plus et les problèmes non résolus s'accumulent avant d'alimenter des affrontements dont l'issue ne pourra être que regrettable.

Tout manager est d'une certaine manière le délégué de la direction générale

Dans la deuxième partie de cet ouvrage, nous avons souvent fait appel à la notion d'acteur pour mettre l'accent sur la dimension stratégique des comportements. Dans une situation de négociation, cette caractéristique d'acteur se manifeste explicitement : l'acheteur cherche à obtenir un prix ou une quantité de la part du vendeur, le diplomate une parcelle de territoire, une concession ou un tarif douanier,... Dans les négociations professionnelles ou diplomatiques, les acteurs ont une position de délégué. Ils négocient pour le compte d'une communauté. Ceci complique d'autant le processus. Mais ce processus existe aussi, à un degré moindre, dans la délégation de management : les managers, tout au long de la chaîne hiérarchique, reçoivent délégation des dirigeants de l'entreprise. Un supérieur négocie en leur nom ce qu'il va à son tour déléguer au délégataire qui devient ainsi le délégué de la direction, chargé par ses contributions d'assurer la réalisation des objectifs organisationnels.

Les acteurs ont des objectifs et convergents et divergents. Ils ne peuvent de ce fait maximiser librement leurs avantages, mais doivent trouver des compromis et passer des accords.

Rappelons-le une fois encore : dans l'entreprise, les acteurs ont des objectifs et convergents et divergents. Ils ne peuvent de ce fait maximiser librement leurs avantages, mais doivent trouver des compromis et passer des accords : abandonner tel objectif, viser tel autre moins avantageux mais plus conforme aux objectifs organisationnels, accepter cette contribution malgré ses inconvénients,... Chacun ayant du pouvoir et subissant des dépendances, comment réaliser ces ajustements autrement qu'à travers des négociations successives ?

Malgré leurs divergences, les négociateurs pensent trouver un accord meilleur que la persistance de la situation présente. S'ils ne parviennent pas à cet accord, ils rompront la négociation. Même l'armistice négocié par le vaincu lui apporte dans l'immédiat une situation préférable à la poursuite des hostilités. Les syndicalistes les plus chevronnés savent bien qu'il faudra négocier la fin de tout conflit. Négocier une délégation de pouvoir et sa contrepartie, une contribution plus efficace pour l'entreprise, repose sur la même approche. Bien que vos objectifs individuels ne recouvrent que partiellement ce que vous pouvez obtenir dans l'entreprise, nous pouvons chercher une issue meilleure pour vous par la négociation. Telle est la proposition implicite du supérieur au subordonné. Plutôt que camper chacun sur nos positions, essayons de trouver une autre manière de travailler ensemble par la négociation. Je vous propose de négocier car je reconnais qu'il nous faudra concilier les objectifs organisationnels, mes intérêts et vos objectifs individuels, tout cela ne convergeant que partiellement, surtout dans les situations où je vous accorde une plus grande autonomie.

Rechercher un arrangement : un nouveau contrat supérieur/subordonné

Une négociation suppose de rechercher un arrangement. Ce dernier se traduit par un accord signé par les deux parties, signature exprimant leur engagement de respecter l'accord. Ne pas respecter son engagement équivaut à rompre l'accord. L'autre partie y trouve alors une raison valable de ne plus respecter ses propres engagements. On établira facilement le parallélisme entre ce cadre général et la relation hiérarchique. Supérieur et collaborateur recherchent un arrangement nouveau par la négociation. Comment travailler ensemble autrement ? Quel nouveau contrat établir entre nous ? Discutons-en : je vous offre ceci si vous vous engagez à respecter de nouveaux engagements vis-à-vis de moi, votre supérieur. Un accord entre nous fixera de nouvelles règles du jeu et nos engagements respectifs.

On a vu que pouvoir et dépendance constituent les deux faces des relations interpersonnelles dans les entreprises. Pouvoir et dépendance se retrouvent et pèsent lourd dans la négociation. On négocie avec quelqu'un à qui on est lié par des rapports de dépendance. Si je pouvais me procurer autrement ce que je cherche à obtenir de X, je ne négocierais pas avec X. Puisque Y négocie avec X, ce dernier détient quelque chose que Y cherche à obtenir. Mais Y détient autre chose que X voudrait obtenir. Sans cette double dépendance, pas de négociation potentielle. Inversement, ces rapports de dépendance traduisent les pouvoirs réciproques des deux négociateurs l'un vis-à-vis de l'autre. Négocier consistera en partie à manipuler dépendance et pouvoir pour obtenir un nouvel accord. Dans certains cas de négociation, le subordonné peut mobiliser plus de pouvoir (ou se retrouver moins dépendant) que le supérieur. On est loin du modèle idéal abstrait de l'autorité exprimé par les organigrammes, et par les mythes à propos du chef ou du leader exprimés dans la culture.

Jeux à somme nulle et jeux à somme non nulle

Les mathématiciens et économistes de la théorie des jeux distinguent des jeux où chaque joueur gagne des avantages supplémentaires en fin de partie (jeux à somme non nulle), des jeux où l'un des joueurs gagne ce que l'autre perd (jeux à somme nulle). Dans les entreprises, on s'enferme souvent dans des jeux à somme nulle par manque de négociation. Cette dernière permet en effet d'explorer les enjeux d'une situation et de les susciter pour mieux les négocier. En négociant, on découvre des gains qu'on ne soupçonnait pas, ce qui, dans certains cas, permet de changer la nature des jeux : on passe de jeux à somme nulle à des jeux à somme non nulle. Certes, il faut se garder d'un optimisme angélique. Des situations et des évènements de la vie des entreprises excluent ce mode de coopération : il est trop tard ou pas encore temps de négocier. Quand la maison brûle, on commence par éteindre l'incendie. Mais si on avait cherché à donner plus de dynamisme grâce à des relations de coopération habilement et souplement ajustées, des processus de changement ouverts, l'incendie se serait-il déclaré ?

On retrouve là un problème de culture : négocier fait rarement partie des modes de relations interpersonnelles valorisées. Au niveau de la relation hiérarchique par exemple, le chef commande et donne des ordres. Il se montrera « humain » en plus, mais la somme des deux ne correspond pas à une relation explicite de négociation. Dans la culture de bon nombre d'entreprises, on assimile la négociation à des « discussions de marchands de tapis » avec tout ce que cela implique de mépris. Une véritable politique de Gestion des Ressources Humaines commence peut-être par le fait d'offrir à chacun le statut de négociateur. Un bon moyen de redonner aux managers, tout au long de la chaîne hiérarchique, un poids en matière de Gestion des Ressources Humaines dans le cadre de ce qu'on appelle actuellement le partage de la fonction RH (J.M. Peretti et alii., 1996), consiste d'une part, à leur rendre la gestion du contrat des contributions et des rétributions de chacun de leurs collaborateurs et, d'autre part, à les impliquer dans des processus de changement davantage négociés. Nous y reviendrons plus longuement dans les deux derniers chapitres de cet ouvrage.

Aujourd'hui encore la recherche d'arrangements quotidiens par la négociation pose problème : sa réussite et son efficacité dépendent des compétences des négociateurs. Si certains managers se révèlent habiles négociateurs, ou apprennent rapidement et seuls à le devenir, on ne progressera véritablement qu'en développant et en organisant ces occasions d'apprentissage. La recherche d'arrangements nouveaux, propre à la négociation, se déroule dans le cadre de rencontres de face-à-face bien particulières (entretiens, réunions, groupes de travail,...). On risque d'achopper une fois encore sur un des handicaps majeurs des managers français, plus préparés à résoudre des problèmes techniques et comptables qu'à négocier. Accroître l'efficacité de l'entreprise par la négociation suppose ainsi deux choses :

1. une culture d'entreprise qui encourage la négociation ;
2. des occasions de se perfectionner dans l'art de négocier.

Quelques indications sur la négociation

Comme tout apprentissage social (A. Bandura, 1980), la négociation s'apprend par modelage : imitation de comportements observés, acquisition de schémas de référence, essais et erreurs corrigés,... On rappelera ici quelques éléments favorisant l'évolution d'une négociation vers un accord, vers des arrangements acceptables pour les parties ou, au contraire, risquant de gêner ce déroulement. J. Kennedy, rapporte-t-on, aurait défini un jour le point de vue de N. Khrouchtchev sur la négociation par la formule suivante : ce qui est à moi est à moi, ce qui est à toi est négociable. Une telle attitude réduit considérablement les possibilités de négociation, cette dernière impliquant à tout le moins des concessions réciproques et l'acceptation de se laisser influencer par l'autre en compensation de l'influence exercée sur lui.

La négociation : un processus à 4 phases successives

Tous les spécialistes insistent sur le fait qu'une négociation est un processus composé d'un certain nombre de phases qu'il convient de respecter, chacune jouant un rôle irremplaçable. Selon G. Atkinson (1975), dans tout processus de négociation, on retrouve toujours quatre phases plus ou moins marquées :

l'échange d'informations, l'équilibrage, l'échange de concessions et le dénouement.

Les 4 phases successives d'un processus de négociation

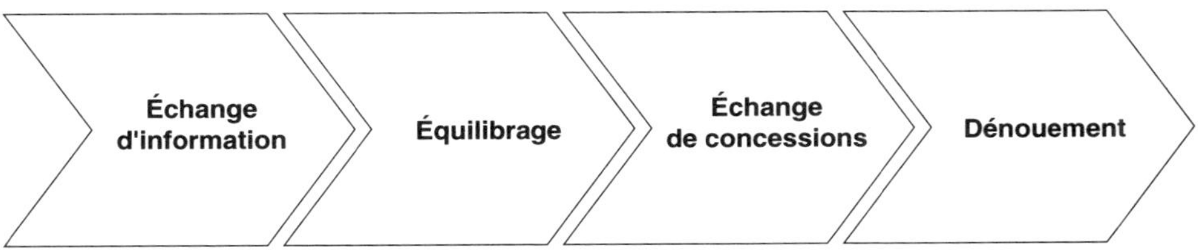

Figure 10.2.

Durant la première phase, les acteurs échangent de l'information pour délimiter le champ de la négociation. Chacun demeure le plus vague possible, craignant de se découvrir trop tôt ou ne voulant pas donner involontairement un avantage à l'autre. On a là l'une des caractéristiques de la situation de négociation : nous devons nous entendre, mais nous devons le faire équitablement. A chacun de prouver sa bonne foi en clarifiant ses positions et ses attentes. Mais pourquoi devrais-je commencer ou aller plus loin sans gage de bonne foi de la part de l'autre partie ? Et cependant, si je veux obtenir quelque chose, il me faut bien donner.

Au cours de la phase d'équilibrage, les acteurs cherchent à se convaincre l'un l'autre de la justesse de leurs exigences, de leurs points de vue et de la solidité de leurs arguments. Il semble qu'avant de faire des concessions, d'accepter les demandes et de se plier plus ou moins aux exigences de l'autre, chacun se rassure sur ses forces et ses ressources. Avant de m'engager dans la phase des concessions, je dois me rassurer sur mes atouts. Je ne suis pas à la merci de l'autre. Pour céder dans de bonnes conditions, j'ai besoin de me sentir fort, plus fort que mon interlocuteur semble le penser.

Les échanges de concessions s'amorcent au cours de la troisième phase. Durant les phases précédentes, chacun a deviné et pris conscience des enjeux potentiels de la négociation, pour lui et pour l'autre, et a donc compris ce que l'autre accepterait de céder et à quel prix. La suggestion directe ou indirecte est alors de mise : si je pouvais être libre de répartir le budget comme bon me semble, je vous déchargerais du suivi des fournisseurs et des contrôles d'entrée des matières premières ; si l'atelier de préparation des moules dépendait de mon département, vous n'auriez plus à vous charger de l'ordonnancement hebdomadaire des fabrications et de ses modifications ; si j'assistais au comité développement des nouveaux produits, je prendrais en charge la gestion de l'atelier informatique ;... On entre là dans le fond des problèmes : concessions, échanges, compromis et marchandages s'esquissent et se précisent, mais sans engagement ferme et définitif. Cette phase est souvent longue et vulnérable. Un mot de trop et il faut tout reprendre. Rien n'est jamais acquis, disait le poète.

Tout se précisera rapidement lors de la phase de dénouement. Chaque partie devine les concessions que l'autre acceptera. De même chacun sait ce qu'il ne pourra pas obtenir, ce qui donc restera non négociable. Comme les pièces d'un puzzle, les propositions et les demandes s'ajustent et les accords se forment. Les résultats de la négociation se concrétisent. Parfois même, lors d'une ultime tentative pour forcer l'autre à une dernière concession, on ira au bord de la rupture. Cela fait partie des règles non écrites de la négociation. Il reste que la phase de dénouement occupe généralement peu de temps comparée aux autres. Les processus s'accélèrent, surprenant parfois les acteurs eux-mêmes. Dans leur grande majorité, les spécialistes de la négociation insistent sur le caractère de rapidité de la phase de dénouement. On peut parler d'une sorte de cristallisation d'un liquide en surfusion.

Ce que fait un négociateur habile avant la négociation

Dans une série d'articles déjà anciens, N. Rackham et J. Carlisle (1978) ont brossé quelques caractéristiques d'un négociateur efficace tirées d'observations faites au cours de négociations dans le cadre de la vie des entreprises. D'abord, lorsqu'il se prépare, un bon négociateur recherche de nombreuses options et issues possibles. Proposer une seule manière de faire à son interlocuteur risque de limiter la négociation dans la mesure où ce dernier aura nécessairement le sentiment qu'il faut prendre ou laisser. Si lui-même fait des propositions, on manquera d'éléments de réponse.

Lorsqu'il se prépare, un bon négociateur recherche de nombreuses options et issues possibles. Proposer une seule manière de faire à son interlocuteur risque de limiter la négociation.

Ensuite, il faut, autant que faire se peut, essayer de prendre en compte les conséquences probables de telle ou telle option. Coopérer suppose la durée : durée pour mettre en place les nouvelles règles, pour apprendre à travailler ensemble autrement, mais aussi pour tirer profit de l'investissement fait en temps dans le processus de négociation. Il conviendra donc de bien prendre en compte toutes les suites entraînées par un tel processus. Comme, la plupart du temps, la part d'incertitude demeurera forte, on s'orientera plutôt vers une démarche progressive. La politique des petits pas peut se révéler très adaptée pour conduire une démarche de négociation en la situant volontairement dans une perspective large.

Autre caractéristique d'un bon négociateur : il ne pose jamais les points à aborder de manière linéaire, comme une suite logique et un ordre à respecter coûte que coûte. Il prévoit d'aborder les points A, B, C et D, mais sans jamais considérer qu'il s'agit d'une séquence obligée. En fonction de la dynamique du processus de négociation et du moment, peut-être commencera-t-il par C ou D. En revanche, il abordera les quatre points, mais chacun au moment le plus opportun. Cette attitude donne là encore une plus grande souplesse pour tirer profit des opportunités, des réactions et des offres de l'interlocuteur. On se présentera ainsi avec une plus grande liberté d'action.

Ce que fait un négociateur habile pendant la négociation

Bien qu'aucune loi absolue ne le définisse *a priori*, N. Rackham et J. Carlisle précisent que le respect de quelques principes par le négociateur semble faciliter le déroulement de la négociation. Le négociateur habile se méfiera par exemple des mots pouvant irriter son interlocuteur, mots à charge émotive faisant entendre que les qualités ne se trouvent pas du même côté. Laisser supposer que la bonne foi, la valeur des propositions et l'importance des concessions ne sont que de mon fait, et non de celui de mon interlocuteur, ne peut que stériliser la négociation. Dans le feu de l'action, on peut réagir trop vivement et braquer l'autre. Il faut se méfier de telles réactions.

Contrairement à ce que d'aucuns pourraient imaginer, les meilleurs négociateurs font relativement peu de contre-propositions. Multiplier les contre-propositions devant les refus, les hésitations ou les réticences de l'autre partie incite cette dernière à maintenir son attitude peu conciliante. Pourquoi ? Parce que soit elle espère obtenir une nouvelle contre-proposition plus avantageuse soit elle ressent une sorte de confusion, ne sachant plus ce qu'elle peut ou ne peut pas obtenir. S'il convient bien d'avoir quelques options à proposer en cas de refus, il ne faut pas non plus faire croire qu'on est prêt à n'importe quoi.

Toujours parmi les choses à ne pas faire : se laisser entraîner par l'autre partie dans la spirale défense/attaque/défense ou justification/critique/justification. Je n'ai pas à justifier mes demandes, mais à les négocier. En échange de quel avantage pour vous puis-je obtenir que vous preniez en charge l'exécution de telle activité ? Cela ne veut pas dire, devant vos hésitations, que je vais chercher à vous démontrer que vous avez tort d'hésiter ou encore que cette activité est du plus haut intérêt et qu'elle complètera parfaitement votre fonction. Je risque d'entrer dans un cercle vicieux sans fin. On retrouve là le problème de la rationalité limitée des acteurs. Par nature, la négociation exclut de chercher à vouloir faire partager la même rationalité par les deux acteurs. Au contraire. Partant de la différence des rationalités et donc des divergences induites par celles-ci, on convient de trouver un accord, non par suite d'une rationalité partagée, mais dans un contrat contingent et garanti par nos engagements réciproques. La négociation résout concrètement et localement la question des rationalités limitées en permettant l'action collective commune. Entrer dans la spirale justification/critique/justification relèverait du débat sur les rationalités (l'une est bonne et l'autre est mauvaise) et non de la négociation d'un mode de relation nouveau.

De même, un bon négociateur évite de laisser la négociation se diluer dans des discussions et des débats sans issue et hors du propos de départ. On est dans une situation spécifique avec des objectifs précis, concrets et à court terme. Cela suffit amplement. Si nécessaire, il convient cependant de demander régulièrement à son interlocuteur, sans toutefois l'irriter, de reprendre l'ordre du jour et de revenir au sujet de la rencontre.

Le négociateur efficace vérifie fréquemment par des questions que son interlocuteur a bien compris ses propositions, ses arguments et ses motifs.

Le négociateur efficace vérifie en outre fréquemment par des questions que son interlocuteur a bien compris ses propositions, ses arguments et ses motifs. Comprendre ne veut pas dire pour autant que celui-ci les accepte, mais qu'il en saisit les implications, les causes et la signification. A cet égard, faire régulièrement des résumés, des synthèses et des points d'étape n'est jamais superflu. Lors d'une négociation, cela permet de clarifier les choses, de mesurer les progrès réalisés et ceux qui restent à faire, et fournit pour le moins une occasion d'accord entre les parties y compris au plus fort des débats.

Autre comportement significatif : annoncer et caractériser son comportement. Je vais vous faire une proposition à ce sujet, je voudrais vous préciser mon point de vue à propos de votre analyse, je vais vous indiquer ce que je retiens de votre offre,... La relation de négociation, vu ses ambiguïtés, ses incertitudes, ses fragilités et sa charge émotive, se trouve facilitée par des repères de cette nature qui permettent à l'autre partie de bien saisir toute l'information émise à son intention et la juste signification des réactions de son interlocuteur. Dans le même ordre d'idée, il ne faut pas non plus hésiter à manifester ses sentiments. Je suis déçu par votre réaction, je m'attendais à un engagement plus net de votre part,... Ou bien, au contraire, j'apprécie votre attitude, je prends acte de la concession que vous faites,... Enfin, un négociateur efficace donne toujours les raisons et l'explication d'un désaccord ou d'un refus avant de les exprimer ou de prendre position.

Ces quelques principes semblent élémentaires et tenir plus du lieu commun que de la compétence d'un spécialiste. Dans une longue série d'articles très documentés, M. Pedler (1977, 1978) montre cependant qu'une application efficace et effective de ces principes demande l'intériosation d'attitudes personnelles souvent en contradiction avec des attitudes d'autorité plus communes. On y retrouve bien les manifestations d'une double attitude de fermeté et de conciliation (se montrer à la fois dur et doux diraient R. Fischer et W. Ury (1981), du Harvard Negociation Project, auteurs du best-seller sur la négociation le plus vendu dans le monde) : d'une part, fermeté sur les objectifs non négociables et, d'autre part, conciliation sur les conditions et les arrangements, négociables quant à eux, et permettant d'obtenir en échange le non-négociable.

Ce que fait un négociateur habile...

... avant la négociation	... pendant la négociation
• Recherche de nombreuses options et issues possibles	• Se méfie des mots pouvant irriter son interlocuteur
• Prend en compte les conséquences probables de telle ou telle option	• Fait relativement peu de contre-propositions
• Ne pose jamais les points à aborder de manière linéaire, comme une suite logique et un ordre à respecter coûte que coûte	• Ne se laisse pas entraîner dans la spirale justification/critique/justification
	• Ne laisse pas la négociation se diluer dans des discussions et des débats sans issue et hors de propos
	• Vérifie par des questions et par l'intermédiaire de synthèses la bonne compréhension de son interlocuteur
	• Annonce et caractérise son comportement
	• Manifeste ses sentiments
	• Donne les raisons d'un désaccord ou d'un refus

Tableau 10.1.

Les grands magasins

La structure des établissements de cette chaîne de grands magasins comporte trois principaux niveaux hiérarchiques : les vendeurs et vendeuses permanents qui sont responsables d'un comptoir (auxquels se joignent les vendeurs et vendeuses à temps partiel selon les jours et les heures), les chefs de file responsables, quant à eux, d'un groupe de comptoirs et, enfin, les chefs de département. Ces derniers forment, avec le directeur et le directeur adjoint, le comité de direction de l'établissement.

Une réorganisation des magasins prévoit de donner une plus grande responsabilité aux vendeurs et vendeuses titulaires d'un comptoir : responsabilité sur les réapprovisionnements du comptoir, modulation des surfaces consacrées aux articles en promotion en fonction des réactions observées chez les clients lors des ventes réussies ou ratées. Bien entendu, ces responsabilités relevaient jusque-là des chefs de file. Le projet de réorganisation suscite des réticences sinon des oppositions de leur part. La direction de la chaîne tient à ce changement, élément important d'une nouvelle politique de Gestion des Ressources Humaines vis-à-vis des vendeurs et vendeuses titulaires d'un comptoir, politique rendue nécessaire du fait d'une volonté d'accroître les relations directes avec la clientèle locale et de mieux adapter chaque établissement aux caractéristiques de ces clientèles ayant chacune leurs caractéristiques particulières. Afin d'éviter un blocage des chefs de file, une opération pilote dans un magasin doit permettre de préciser à quelles conditions la nouvelle organisation pourrait être généralisée.

Négocier avec les chefs de file

La direction avait au départ fait le pari que les chefs de file pouvaient aussi trouver leur compte dans cette évolution organisationnelle. Certes, ils vont perdre une partie de leurs attributions : l'organisation des comptoirs et les réapprovisionnements en fin de journée. L'opération pilote s'appuie sur les chefs de département du magasin retenu. On la présente à ces derniers comme l'occasion d'une plus grande coopération avec les chefs de file. Pour les préparer à cette action, on les forme à la négociation en leur précisant quelles parties de leur fonction ne déléguer sous aucun prétexte : prévisions mensuelles de vente du département, responsabilité du chiffre d'affaires mensuel du département, relations avec les services marketing et les acheteurs de la centrale d'achat de la chaîne. On arrête aussi le principe que les modes d'arrangement peuvent varier d'un chef de file à l'autre, qu'il ne s'agit pas dans l'immédiat d'aboutir à une définition de fonction « moyenne » du chef de file.

Avant de rencontrer chacun de ses chefs de file, le chef du département « habillement » prépare les entretiens avec soin. Concernant le chef de file « habillement hommes », il observe quelques attitudes significatives de la part de ce dernier : inquiétude au sujet du changement annoncé, fort regret de ne plus avoir la responsabilité directe des réassortiments, désir manifesté plusieurs fois de s'occuper davantage de la gestion des vendeurs à temps partiel et souci d'exécuter une plus grande partie des tâches administratives du département. Pour la négociation avec le chef de file, le chef de département se fixe les objectifs suivants : obtenir l'accord de celui-ci pour la mise en place du changement à son niveau. Pour le chef de file, cela signifie fondamentalement de laisser aux vendeurs titulaires des comptoirs « habillement hommes » des responsabilités auxquelles il tient. Pourquoi y tient-il tant ? Parce que, pour un chef de file, le réassortiment se traduit par du pouvoir sur les vendeurs, du prestige et de l'intérêt. Le chef de département doit trouver des compensations à ces pertes.

Comment compenser les avantages sans trop augmenter les inconvénients ?

La nouvelle contribution attendue du chef de file va-t-elle donc se réduire à un rôle de gestionnaire administratif des comptoirs « habillement hommes » ? Une négociation, bien peu attrayante, aurait consisté à proposer au chef de file des contributions moins exigeantes, comme par exemple : suppression des responsabilités quant aux erreurs de réapprovisionnement confié aux vendeurs, un rythme de travail plus calme, des horaires de travail réguliers (plus besoin de rester souvent le soir après la fermeture du magasin), une moindre pression de la hiérarchie, la suppression des conflits avec les vendeurs lors du choix de réassortiment,... Cette diminution des inconvénients liés aux contributions compenserait-elle les pertes sur les avantages ? Une telle solution conduirait inévitablement le chef de file à se bureaucratiser ou, selon ses atouts sur le marché du travail à chercher un autre emploi.

Comment redéfinir les contributions attendues du chef de file pour compenser les avantages perdus sans pour autant trop augmenter les inconvénients ? Que lui offrir de valable et de désirable ? Parmi les attitudes du chef de file, le chef de département a identifié l'inquiétude sur l'avenir de sa fonction, l'intérêt pour la gestion des vendeurs à temps partiel et le souci d'exécuter une plus grande partie des tâches administratives du département. Quelles transactions négocier à partir de ces attitudes ? Après réflexion, le chef de département arrête la stratégie suivante :

(1) lui confier la gestion des vendeurs à temps partiel des comptoirs « habillement hommes » ;
(2) lui offrir une formation informatique pour lui permettre d'assurer une plus grande partie des tâches administratives du département ;
(3) éventuellement, l'intégrer davantage à la vie et à la gestion du département.

Ces éléments de négociation restent cependant délicats à utiliser aux yeux du chef de département. Ils risquent en effet de modifier la qualification du poste et donc d'entraîner un problème de salaire, problème *a priori* exclu du cadre de la négociation par la direction du magasin et celle de la chaîne.

Le déroulement de la négociation

La négociation se déroula au cours de trois entretiens : le premier de trois quarts d'heure, le deuxième de quarante minutes et le dernier d'à peine une demi-heure. A la fin du premier entretien, le chef de département a l'impression d'avoir perdu son temps. Le chef de file n'a presque jamais abandonné une attitude négative : sa fonction perd tout son intérêt, on veut lui donner un travail monotone et le transformer en employé de bureau. Le chef de département a eu du mal à l'amener à écouter sa proposition de s'occuper et de gérer les vendeurs à temps partiel. Vu les réactions sur les premières tâches administratives évoquées, il n'a pas pu aborder la formation informatique.

La seconde rencontre a commencé dans un climat tendu. Les discussions sur l'autonomie de décision (affectation, mutation d'un comptoir à l'autre, modulation des heures de travail, fixation des durées de travail) et les conséquences de cette autonomie dans la gestion des vendeurs à temps partiel a changé le climat. Petit à petit le chef de file perçoit l'importance de ce rôle et le pouvoir qu'il donne. Il obtient même la possibilité de traiter avec le chef de file des comptoirs « habillement chaussures hommes » le prêt provisoire d'un vendeur pour une journée. Au cours de cette deuxième entrevue, il reste très réticent sur le travail administratif dont il ne prend en compte que la charge et la monotonie. Le chef de département n'a toujours pas fait allusion à la formation informatique qu'il garde pour la séance suivante.

La négociation se termine au cours du troisième entretien. Le chef de département propose d'entrée de jeu une définition de fonction écrite au chef de file. Le document complète et synthétise d'autres documents transmis par le chef de département au chef de file entre les entretiens. La définition de fonction met l'accent sur les responsabilités de gestion des vendeurs à temps partiel et sur l'autonomie dont dispose le chef de file. La discussion tourne autour de la nouvelle valorisation de la fonction : gestion des vendeurs à temps partiel, tâches administratives de gestion et décisions que cela implique. Pour emporter l'accord, le chef de département a préparé un nouvel élément d'échange : une réunion de direction du département hebdomadaire à laquelle assisterait, selon l'ordre du jour, le directeur ou le directeur adjoint du magasin. Cette réunion permettrait aux chefs de file de recevoir l'information à diffuser à tous les vendeurs. Enfin, la proposition d'une formation informatique vient sceller l'accord entre les deux parties.

La démarche améliore le fonctionnement de la ligne hiérarchique du magasin

Cette première négociation du chef de département fut répétée avec les autres chefs de file du département. Des variantes résultèrent de cette procédure : on ne publia pas de définition de fonction type du chef de file laissant subsister la diversité entre chaque cas. Il s'agit là du prix à payer pour que le changement se passe sans incident. Les autres magasins s'inspirèrent de la démarche. Elle nécessite un engagement personnel important des chefs de département pour négocier avec les chefs de file. Cependant, quand un directeur de magasin met en œuvre cette démarche, on observe une amélioration du fonctionnement de la ligne hiérarchique du magasin avec tous les effets favorables qu'on imagine.

CHAPITRE 11

Le management contractuel

La négociation touche tous les domaines du management, y compris les relations supérieur/subordonné. Comme le montre l'exemple des grands magasins du chapitre précédent, si le supérieur conduit habilement la négociation et si le collaborateur trouve effectivement dans cette relation une occasion de redéfinir ses contributions et ses rétributions de manière plus satisfaisante pour lui, le nouveau contrat entre son supérieur et lui a beaucoup plus de chance de se voir honorer et l'organisation de gagner en efficacité. Comment passer de tels contrats ? Tel est l'objet de ce nouveau chapitre.

Macro et micromanagement

Vers 1930, les économistes eurent à faire une distinction entre macroéconomie et microéconomie. La liaison entre ces deux dimensions de la sphère économique se révélait plus complexe qu'on ne l'avait supposé jusque-là. Par exemple, l'intégration du niveau micro, les décisions des acteurs économiques individuels, au niveau macro ne pouvaient se réduire à un simple mécanisme d'agrégation. La distinction s'imposait donc. Il semble que, compte tenu de l'évolution des environnements d'une part, de la transformation des formes organisationnelles qui en résulte d'autre part, une distinction semblable s'impose aujourd'hui au management. Le macromanagement est un précieux corps de savoirs à la disposition des dirigeants pour gérer les relations d'une organisation avec ses environnements. Le micromanagement, quant à lui, consiste à gérer des ressources (humaines, matérielles et financières), dans le cadre de contraintes, en vue de produire des résultats conformes aux objectifs organisationnels. Le micromanagement n'est ni du macromanagement à une échelle réduite ni une partie du macromanagement. Il renvoie à un corps de connaissances différent. Dans le modèle organisa-

Le modèle organisationnel qui émerge sous nos yeux, aura davantage besoin de micromanagement.

tionnel traditionnel (modèle mécanique), le macromanagement s'est énormément développé, le micromanagement beaucoup moins. Le modèle organisationnel qui émerge sous nos yeux, peu importe la manière de le qualifier (entreprise individualisée, transversale, postindustrielle, coopératrice,...), aura davantage besoin de micromanagement.

Dans le modèle organisationnel traditionnel

Dans le modèle organisationnel traditionnel, qui trouve ses racines en particulier dans les principes de l'Organisation Scientifique du Travail de F.W. Taylor, temps de travail, durée du travail et produit du travail sont fusionnés. Il suffit alors de contrôler la durée du travail pour contrôler le travail. D'où le rôle de l'encadrement qui consiste à surveiller les heures d'arrivée et de départ d'une part, la présence au poste de travail d'autre part. L'organisation fait le reste. La division du travail de management au sein du modèle organisationnel traditionnel est la suivante :

1. l'encadrement surveille les temps de présence au travail ;
2. le bureau des méthodes élabore des modes opératoires et on prescrit les rythmes de travail, à partir d'une étude des temps de manière à ce qu'une quantité donnée et fixe de travail soit associée au temps de présence ;
3. les représentants des employeurs et les représentants des salariés s'affrontent pour arrêter le prix de l'heure de travail.

Le modèle organisationnel traditionnel a fait naître et a perfectionné le macromanagement. L'essentiel s'y règle au niveau du macromanagement : organisation du travail, contrôle de la quantité de travail produite en échange des salaires versés par les mécanismes de fixation du nombre d'heures travaillées et du prix de l'heure de travail. Face aux employeurs maîtrisant de plus en plus le macromanagement, les représentants des salariés développèrent des méthodes, des connaissances et une compétence de circonstance. De plus, les revendications, principalement axées sur les salaires et la protection sociale, favorisaient les stratégies ouvrières de solidarité collective. Celles-ci incitaient à leur tour les représentants des employés à globaliser leurs demandes. Le macromanagement des représentants des employés règlaient ainsi avec le macromanagement des représentants des employeurs le prix de l'heure et le nombre d'heures de travail pour une tâche donnée grâce à une organisation du travail parcellisée et spécialisée.

Dans le modèle organisationnel d'aujourd'hui

Il ne peut plus en être de même dans un modèle organisationnel qui accorde une plus grande autonomie aux salariés et mise davantage sur leur coopération. Si l'autonomie se justifie du fait de l'incapacité de prévoir et de prescrire l'ensemble des cas de figure et des situations que l'individu est susceptible de rencontrer dans l'exécution de son travail, elle n'exclut cependant pas la fixation d'objectifs et le contrôle des résultats produits. Mais, dans de telles configurations organisationnelles, qui est réellement en mesure de le faire ? Le micromanagement. Plus les salariés seront autonomes, plus la ligne hiérarchique sera courte, et plus les compétences en micromanagement seront importantes. Inversement, l'implantation d'un véritable micromanagement est une condition nécessaire à une détaylorisation et à une débureaucratisation profonde des organisations.

Plus les salariés seront autonomes, plus la ligne hiérarchique sera courte, et plus les compétences en micromanagement seront importantes.

La sociologie des organisations est un corpus de connaissances bien plus intéressant pour le micromanagement que pour le macromanagement. Pourquoi ? Parce que dans des organisations où on attend explicitement que les salariés soient des acteurs, c'est-à-dire producteurs pour partie de leur propre situation de travail, c'est fondamentalement au micromanagement qu'incombe de susciter des comportements individuels convergents avec les objectifs organisationnels.

Assurer la convergence des objectifs par la relation contractuelle

La convergence des objectifs organisationnels et des objectifs individuels ne va pas de soi. Les objectifs de l'individu doivent trouver des enjeux qui assurent et réalisent cette convergence dans le cadre que leur offrent les objectifs organisationnels. Le domaine « humain » du management trouve donc son champ d'action privilégié avec les enjeux du travail et les relations de pouvoir dans lesquelles ils viennent s'imbriquer. Si l'un des aspects importants du micromanagement consiste à garantir que les comportements individuels concordent avec les objectifs organisationnels, alors l'un des moyens d'action privilégié réside dans le recours aux enjeux positifs et négatifs, les avantages qu'ils procurent et les inconvénients qu'ils provoquent. La réalité concrète des situations de travail se situe là. Le travail est un échange : des rétributions en échange de ma contribution aux objectifs organisationnels. Mes rétributions concrètes passent par un ensemble d'enjeux. J'accepte d'autant mieux de supporter les enjeux négatifs qu'ils se trouvent compensés par des enjeux positifs. J'assure d'autant plus la réalisation des objectifs organisationnels par ma contribution que leur réalisation satisfait mes attentes, besoins,... à travers un ensemble d'enjeux concrets.

Pour un salarié donné, le lien entre les objectifs organisationnels et son comportement se trouve assuré et garanti par un contrat qui va bien au-delà du contrat juridique de travail, lequel se limite à des mises en conformité avec l'administration. Ce contrat est peu fréquemment explicité et surtout rarement suivi et pris en charge. Du fait du contenu concret des enjeux et des relations de pouvoir, seul le micromanagement est réellement en mesure de le faire, c'est-à-dire d'en assurer les négociations successives en certaines occasions et d'en contrôler le respect en permanence.

Les avantages de la relation contractuelle

La relation contractuelle ouvre quatre perspectives intéressantes pour le management en particulier dans les configurations organisationnelles actuelles :

1. elle amène à expliciter le contrat supérieur/subordonné, c'est-à-dire à le clarifier, le négocier et donc le contrôler ;
2. elle ouvre le champ des enjeux et permet ainsi d'établir des contrats mieux adaptés aux individualités d'une part, aux contributions demandées d'autre part ;
3. elle offre l'occasion d'utiliser un enjeu positif particulier encore insuffisamment utilisé pour lui-même et ses possibilités : l'intérêt de jeu dans le travail ;
4. elle donne au micromanagement l'occasion de gérer, de diriger et d'animer les ressources humaines dont il a reçu la charge et de traiter sérieusement et conjointement efficacité organisationnelle et dimension humaine du travail.

Détaillons chacune de ces ouvertures.

Expliciter le contrat supérieur/subordonné

Il faut se méfier des discours stéréotypés sur l'accord avec les objectifs de l'entreprise. En dehors de la direction générale, ayant les éléments de connaissance nécessaires pour juger de la validité des options stratégiques retenues, cet accord relève au mieux de l'opinion et du vote de confiance. En revanche, que chaque supérieur explicite avec ses subordonnés quelles conséquences les objectifs organisationnels vont avoir sur ses contributions, qu'il accepte également de parler des conséquences sur ses rétributions, et le dialogue deviendra concret. Ce dernier offre une occasion privilégiée de poser la question d'un aménagement de la situation de travail comme moyen de trouver des compensations aux inconvénients excessifs (occasionnés par les enjeux négatifs) ou aux avantages insuffisants (produits par les enjeux positifs).

Ouvrir le champ des enjeux

La prise en compte des contributions, ainsi que des avantages et des inconvénients pour l'intéressé, permet une relation individualisée avec chaque subordonné. Cette démarche conduit aussi à ne pas dissocier contributions et rétributions. Ces deux composantes sont pourtant trop souvent séparées : un jour on parle des contributions en termes individuels et le lendemain des rétributions en termes collectifs (une prime, une augmentation de 2 %, une demi-journée de congé supplémentaire,...). Il convient de préciser de temps à autre à chacun qu'on ne peut parler de ses rétributions sans conjointement parler de ses contributions au bon fonctionnement de l'entreprise.

L'intérêt de la relation contractuelle vient également de ce qu'elle conduit à faire appel à des enjeux non encore utilisés. Le subordonné sent qu'il peut mentionner bien d'autres aspects de sa situation de travail que sa seule rémunération : les « je souhaiterais, j'aimerais,... » augmentent. Tout un champ de négociation apparaît ainsi pour obtenir de nouvelles contributions de sa part grâce à un autre niveau d'équilibre contributions/rétributions.

Nul ne peut intimer l'ordre à quelqu'un de se prendre au jeu de son travail

L'intérêt de jeu dans le travail est un des enjeux positifs importants liés au contenu du travail disions-nous dans le chapitre 6. La relation contractuelle est un moyen privilégié de recourir à cet enjeu attractif. Pour cela, il faut prévoir des contributions adéquates. La maîtrise du travail, une certaine dose d'imprévu et d'incertitude et une occasion de se mettre en valeur en sont les principaux ingrédients. Donner à une situation de travail les caractéristiques nécessaires pour qu'on se prenne au jeu ne peut cependant se faire qu'avec l'intéressé lui-même. Pourquoi ? Parce que seul il peut se prendre au jeu. Nul ne peut lui en intimer l'ordre. La relation contractuelle facilite cette mise au point et ses ajustements progressifs au fur et à mesure que le subordonné fait l'expérience des nouveaux enjeux.

Donner au micromanagement un rôle global

Last but not least des intérêts de la relation contractuelle : elle rend au micromanagement un rôle global, c'est-à-dire la maîtrise de la convergence des comportements individuels et des objectifs organisationnels tout en prenant en charge l'animation d'une équipe à travers le management des enjeux de chaque subordonné. Les habitudes du modèle organisationnel traditionnel, persistantes et lentes à se modifier, ont trop souvent dissocié les deux volets. La ligne hiérarchique était chargée des contributions, les directions du personnel se gardant les rétributions : salaires, primes, congés, durée de travail,... Dans les configurations organisationnelles actuelles, on peut de moins en moins se contenter de telles pratiques. Les managers, tout au long de la chaîne hiérarchique, auront, grâce à une plus grande aisance vis-à-vis des relations de pouvoir et des enjeux du travail, à la fois à obtenir les contributions des membres de leur équipe et à accorder les rétributions, matérielles et immatérielles, qu'ils se seront engagés à apporter en échange.

Quelques règles de conduite à adopter

Même si aucune règle absolue n'existe *a priori*, quelques règles de conduite facilitent la relation contractuelle. Tout d'abord, le manager doit rester clairvoyant et ne pas nier la part irréductiblement divergente entre les objectifs organisationnels et individuels. Une partie des objectifs organisationnels occasionne des enjeux négatifs plus ou moins lourds. Ce sera toujours le prix non négligeable à payer pour obtenir les enjeux positifs. Ensuite, rappeler à chaque occasion que seules

les contributions individuelles permettent la réalisation des objectifs organisationnels et que seule cette dernière permet la satisfaction des attentes de chacun, n'est jamais superflu. Le discours sur la relation contractuelle ne sera en outre crédible que si le manager arrive à le rendre concret en parlant des enjeux réels des intéressés. Mais pour en parler, il faut les connaître. Les discours sur le lien objectifs individuels et objectifs organisationnels manquent souvent l'effet recherché du fait de leur ton abstrait et général.

Chaque salarié ne possède pas la formation économique suffisante pour apprécier les raisons des objectifs fixés. Si pour la majorité des cadres cela ne pose pas de problèmes, il serait souhaitable de consacrer beaucoup plus de temps qu'on ne le fait à exposer les analyses auxquelles on a procédé pour que cela soit vrai également pour les autres catégories de salariés. Et pourtant, il suffirait souvent de répondre aux questions et de donner libre accès à des documents plus complets pour justifier les objectifs organisationnels. La crédibilité et l'accord viendront plus d'un accès accru à l'information, que d'exposés ou de conférences au cours desquels on cherche vainement à persuader à coups de chiffres assénés à grande vitesse. De plus, tout stratège sait qu'on ne peut ni ne doit dévoiler publiquement certaines options stratégiques. Les salariés sont souvent prêts à considérer les objectifs organisationnels comme des données pour peu qu'ils puissent en connaître l'impact sur leurs enjeux et la manière de les optimiser.

Enfin, l'implication dans le fonctionnement de l'entreprise est pour certains salariés une stratégie plus coûteuse qu'avantageuse. Des objectifs organisationnels offrant un minimum de crédibilité suffisent ainsi souvent dans de nombreux cas pour peu que la culture d'entreprise accorde le droit à la différence : intense implication pour certains et plus grande distanciation pour d'autres.

Une méthode : le contrat contributions/rétributions

Établir le lien contributions/rétributions, en assurer le suivi et en corriger les dérives constitue une des activités de base du micro-management. Gérer ce lien nécessite plus qu'un savoir-faire empirique. Une méthode s'impose : le contrat contributions/rétributions. Cette méthode, qui vise à créer un cadre favorable à une relation de négociation entre un supérieur et ses subordonnés, comporte six étapes (voir figure 11.1. ci-contre).

Les six étapes de la méthode

La première étape comprend deux parties. L'une consiste à décliner les objectifs organisationnels en contributions individuelles pour chacun des collaborateurs de l'unité dont le manager a la responsabilité. L'autre consiste à identifier les enjeux sur lesquels jouer pour rendre leurs situations de travail plus motivantes soit en accroissant les avantages soit en atténuant ou supprimant les inconvénients. Au cours d'un entretien avec chacun de ses collaborateurs, le manager esquisse ensuite une première hypothèse de contrat contributions/rétributions. La consolidation des contrats prévus par le manager pour accord de la direction constitue la troisième étape de la démarche.

Une fois la validation de la direction obtenue, le manager négocie avec chacun de ses collaborateurs les contrats définitifs, c'est-à-dire fixe avec eux leurs contributions aux objectifs de l'unité dont il a la responsabilité et les rétributions qu'il s'engage à apporter en échange. Pendant toute la période de référence (le plus souvent l'année), le manager suit la réalisation des contributions, fait le point avec ses collaborateurs, relance et, si nécessaire, procède à des ajustements. Enfin, au cours de l'entretien d'appréciation de fin de période, manager et collaborateur évaluent les résultats atteints et analysent les écarts par rapport aux contributions attendues. Les rétributions contractualisées sont alors attribuées en fonction de cette évaluation.

Les 6 étapes de la méthode du contrat contributions/rétributions

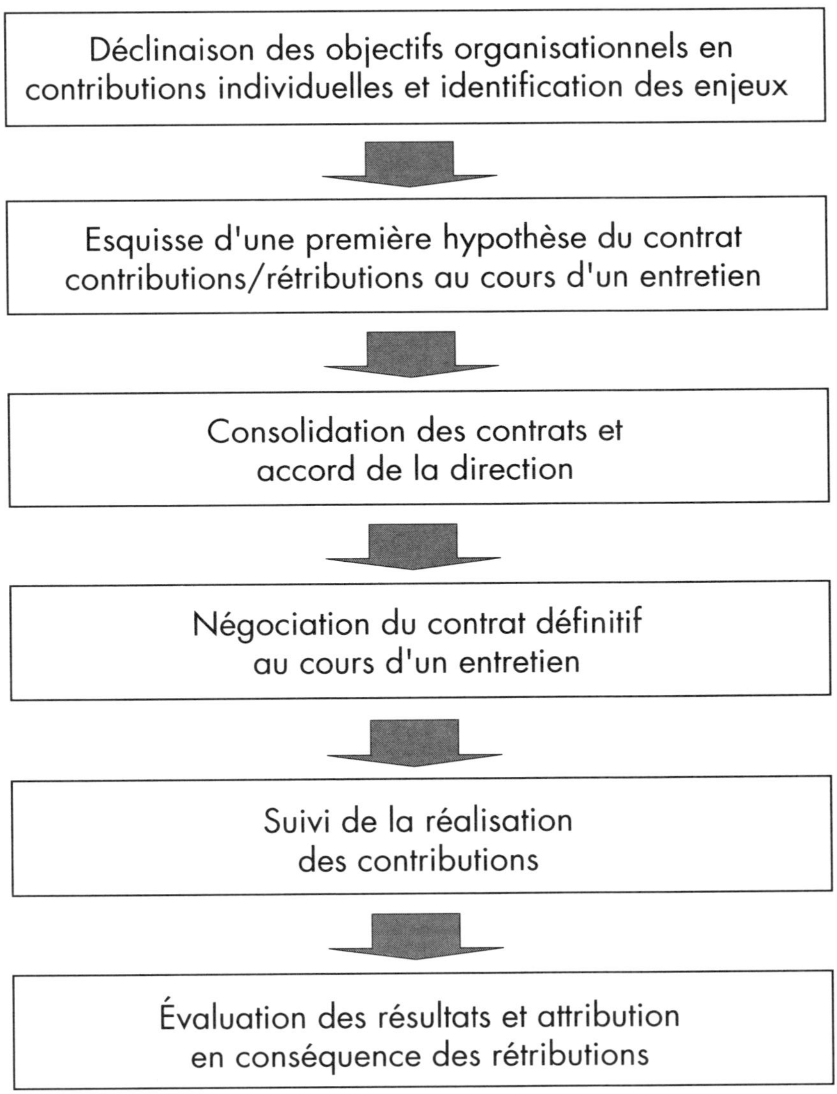

Figure 11.1.

Quelques repères utiles pour le manager

Lors de la préparation des entretiens de l'étape 2, le manager n'oubliera pas les points suivants :

- prendre en compte les rétributions ne veut pas dire satisfaire toutes les attentes ; le monde du travail relève de l'échange socio-économique : des contributions contre des rétributions ;
- avec certains collaborateurs, avant d'aborder la question de rétributions nouvelles et supplémentaires, il convient de rétablir le contrat de base : la définition de fonction et ses exigences élémentaires contre les rétributions déjà effectivement accordées ;
- on passe des contrats contributions/rétributions judicieux grâce à des cocktails de rétributions, cocktails adaptés aux situations de travail et à ceux qui les vivent ; il faut alors identifier des enjeux qui dépassent largement la question du salaire : contenu du travail, organisation et relations sont, à cet égard, des réservoirs riches et précieux.

Quelques repères peuvent également être utiles au manager lors de l'étape 4, celle de la négociation des contrats contributions/rétributions :

- la fameuse loi des 20/80 s'applique là également dans la mesure où il restera toujours environ 20 % de collaborateurs hors de propos : 10 % de motivés et 10 % de non motivés en toutes circonstances, c'est-à-dire quel que soit le contenu du contrat ;
- les nouvelles contributions demandent des efforts immédiats, donc détériorent dans un premier temps le bilan avantages/inconvénients, alors que les avantages négociés en compensation, surtout s'ils sont immatériels, n'apparaissent le plus souvent qu'ultérieurement. Ce phénomène normal peut dans de nombreux cas devenir un facteur dissuasif. Cela nécessite que le manager apprenne à ses collaborateurs ce que les économistes appellent le gain lié

au détour et qu'il intervienne au bon moment pendant les périodes délicates.

Les causes d'échec les plus fréquentes de la méthode du contrat contributions/rétributions sont les suivantes :

- une absence de définition préalable des contributions ;
- un contrat « unijambiste » : on parle des contributions sans évoquer les rétributions ou bien on remet la discussion à plus tard et on confie le problème à la Direction des Ressources Humaines ;
- une définition générale et a *priori* des rétributions sans prise en compte des enjeux concrets de la situation de travail du subordonné ;
- l'arrêt des rétributions en fin de période après que les contributions ont été demandées et obtenues ;
- la définition des rétributions de manière collective là où les contributions sont individuelles ;
- des contributions définies par le micromanagement alors que les rétributions restent, quant à elles, de la responsabilité du macromanagement incapable d'intégrer la diversité des situations car trop éloigné du terrain.

CHAPITRE 12

Conduite du changement organisationnel

COMPTE TENU DE L'ÉVOLUTION DES ENVIRONNEMENTS ÉCONOMIQUE, technique et sociologique, nous vivons une période de transition organisationnelle largement entamée mais non encore aboutie. La question du changement devient ainsi naturellement une des préoccupations majeures du management. « Comment conduire le changement ? » est à l'heure actuelle une des questions qui préoccupent le plus les managers, quel que soit leur niveau hiérarchique. Le changement consiste à passer d'un état organisationnel A à un état organisationnel B : mise en place d'une nouvelle structure, nouvelle technique de production ou de gestion, changement de la culture d'entreprise,... Il s'agit ainsi de modifier un ou plusieurs sous-systèmes du système que constitue l'organisation.

Rappelons-nous les principales conséquences au niveau du changement organisationnel que comportent la dimension systémique de l'organisation et les conditions de son efficacité (principes de la contingence et de la cohérence organisationnelle présentés au chapitre 3) :

1. quand les exigences de l'environnement changent, le système organisation doit évoluer pour se doter de caractéristiques cohérentes avec les nouvelles exigences de l'environnement ;
2. les sous-systèmes qui composent l'organisation étant en interaction, la modification de l'un d'entre eux nécessite le plus souvent une évolution des trois autres ;
3. les quatre sous-systèmes ne changent pas à la même vitesse.

En quoi les notions et les grilles de lecture de la sociologie des organisations peuvent nous être utiles pour aller plus loin ? Comment les dépasser et les intégrer dans l'action ? Tel est l'objet du dernier chapitre de cet ouvrage.

Vous avez dit résistance au changement ?

Pourquoi des résistances au changement ?

Tout le monde a eu l'occasion un jour ou l'autre de vivre un changement dans l'entreprise à laquelle il appartient. Tant et si bien que si vous demandez autour de vous de définir la notion de résistance au changement au pied levé, la question ne déconcertera personne. Au contraire, les réponses viendront sans la moindre hésitation. Chaque fois que nous commençons une formation sur la conduite du changement organisationnel, nous demandons aux participants de caractériser les trois principales raisons des résistances au changement telles qu'ils les perçoivent. Pourquoi résistons-nous au changement, leur demandons-nous ? Depuis plusieurs années que nous nous livrons à ce petit exercice, nous avons constitué une belle collection de réponses. On peut regrouper la grande majorité d'entre elles en deux catégories :

- les premières sont d'ordre « psychologique » : les résistances au changement seraient liées à une peur de l'inconnu et du changement, à une préférence de la nature humaine pour la stabilité ou encore à un besoin vital de sécurité ;
- les secondes, quant à elles, sont d'ordre « culturel » : les résistances au changement seraient dues au poids de l'histoire et à l'héritage du passé, à l'attachement aux habitudes ou aux usages, en d'autres termes à la culture d'entreprise ; il s'agirait d'une question de mentalité et l'expression d'un certain conservatisme.

Le changement est sans doute l'un des problèmes de management les plus difficiles. Ainsi, souvent après avoir vécu de nombreuses tentatives infructueuses, les salariés sont fréquemment déconcertés et désemparés face au problème du changement. Ils cèdent alors encore davantage que dans d'autres situations aux tentations des schémas mécanistes dispositionnels ou culturalistes. Le point commun des deux catégories de raisons exposées ci-dessus réside dans l'expression d'un certain sentiment d'impuissance face au changement :

1. pour certains, les raisons des résistances au changement se trouveraient ancrées au plus profond de la nature humaine : dix ans de divan et d'analyse ne suffiraient pas ;
2. pour d'autres, les raisons du non-changement d'une entreprise se trouveraient derrière elle, dans sa culture résultant de son histoire : on a toujours fait comme cela, ce n'est pas aujourd'hui que l'on va changer,... reviennent souvent comme des leitmotivs dans la bouche de ceux qui tentent d'expliquer pourquoi, après plusieurs tentatives, l'entreprise, le service, le département,... auquel ils appartiennent ne change pas.

On peut encore noter une autre attitude non moins fréquente face au problème des résistances au changement : l'incompréhension. Le diagnostic de résistance au changement renvoie également souvent à des arguments tels que l'irrationalité, la mauvaise foi, l'imbécillité ou encore la bêtise. Des managers, croyant sincèrement faire le bien de leurs subordonnés en faisant évoluer les organisations du travail, ne comprennent pas pourquoi une partie d'entre eux ne les suit pas dans l'aventure à laquelle ils les convient. Ils leur reprochent alors de ne pas se comporter conformément à ce qu'ils attendent d'eux et qualifient leur comportement « d'irrationnel », au lieu de non raisonnable, chaque fois qu'il n'est pas cohérent avec ce qu'ils avaient prévu.

Ces réactions ne sont pas fausses, nous les avons tous eues un jour ou l'autre. Mais il ne faut pas que l'arbre cache la forêt. Pourquoi parle-t-on si peu des nombreux salariés qui changent constamment, sans problème et sans histoire ? La paire de lunettes du sociologue est fort utile pour sortir des schémas mécanistes habituels et comprendre différemment le phénomène des résistances au changement.

Le comportement des acteurs parties prenantes à un changement est la réponse au problème que leur pose le changement

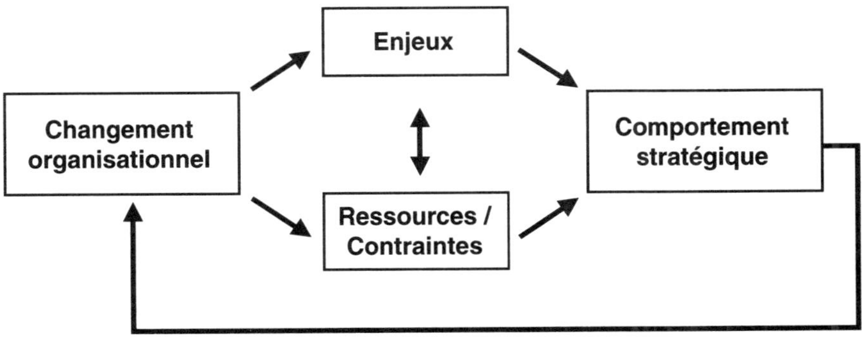

Figure 12.1.

Les enjeux du changement organisationnel

Un changement organisationnel, quelle que soit sa nature, est une situation particulière et, à ce titre, est porteur d'enjeux : négatifs pour les uns, positifs pour les autres. Ces enjeux, perçus à travers le prisme d'une rationalité limitée, sont liés à trois éléments :

1. la situation actuelle ;
2. la situation future ;
3. le processus de changement.

Si les avantages associés à ma future situation, diminués des inconvénients que m'occasionne le processus de changement (acquisition de nouvelles compétences, remise en cause personnelle,...), sont supérieurs aux avantages associés à ma situation actuelle alors le bilan du changement envisagé est plutôt positif pour moi, et négatif dans le cas contraire. C'est ce que P. Strebel (1996) appelle l'équation du changement. Face à un changement, les salariés font, implicitement ou explicitement, le bilan que représente pour eux le changement en reconstituant les éléments de leur équation personnelle. Or, si l'équation d'un individu est négative, et que de surcroît les rapports de pouvoir vis-à-vis de celui ou de ceux qui entreprennent le changement ne lui sont pas complètement défavorables, il y a fort à parier qu'il n'acceptera pas le changement et que donc il utilisera son pouvoir pour résister. Dans la situation que constitue tout changement, la résistance est un comportement tout à fait rationnel (ma réponse au problème que me pose le changement) qui signifie en réalité deux choses :

- d'une part, la nouvelle structure ou technique mise en place ne produit pas d'avantages suffisamment intéressants ou occasionne des inconvénients trop importants pour que je juge pertinent de changer ma manière de faire ou d'être, sachant que tout changement crée *de facto* une insécurité, à savoir l'abandon du connu où les avantages et les inconvénients sont certains, pour aller vers un inconnu pour partie au moins imprécis et aléatoire ;
- d'autre part, je possède le pouvoir de m'y opposer, c'est-à-dire de ne pas faire exactement ce qu'on voudrait que je fasse.

Les types de comportements face au changement organisationnel

On peut repérer quatre grands types de comportements face à un changement organisationnel :

1. les comportements « moteur » adoptés par ceux qui vont *a priori* y « gagner » et dont le degré d'influence est important (rapports de pouvoir favorables) ;
2. les comportements « suiveur » adopté par ceux qui vont aussi plutôt y « gagner », mais qui ne possèdent pas suffisamment de pouvoir pour influer sur le cours des évènements ;

3. les comportements de « résistance » adoptés par ceux qui *a priori* vont y « perdre » et qui ont suffisamment de pouvoir pour s'opposer au projet de celui ou de ceux qui entreprennent le changement ;
4. les comportements de « retrait » adoptés par ceux qui vont également plutôt y « perdre », mais qui ne peuvent réellement agir, faute d'un pouvoir suffisant.

Les 4 types de comportements face au changement

	Pertes	**Gains**
Faible degré d'influence	Retrait	Suiveur
Fort degré d'influence	Opposition	Moteur

Tableau 12.1.

Moteurs et suiveurs sont des ressources pour celui ou ceux qui entreprennent le changement. Une bonne stratégie de changement pourra ainsi consister à :

a. mettre les « moteurs » en position d'influence tout au long du processus de changement ;
b. impliquer les « suiveurs » dans la démarche de changement en leur donnant la possibilité d'y accroître leur degré d'influence ;

c. impliquer sous contrainte les « résistants » de manière à ce qu'ils puissent projeter leurs motivations dans la nouvelle organisation.

Imposer ou négocier le changement

Le changement consiste à passer d'un état organisationnel A à un état organisationnel B. Ce faisant, il y a deux manières de concevoir une démarche de changement :

- soit comme l'assimilation par les salariés d'un modèle construit intellectuellement *a priori* par un ou plusieurs décideurs autorisés ;
- soit comme la structuration d'un processus visant à construire et élaborer progressivement et collectivement de nouveaux comportements et de nouvelles règles de fonctionnement.

Les deux démarches de changement

Les démarches de changement qui s'inspirent de la première conception sont dites « imposées ». L'organisation actuelle est considérée comme non satisfaisante par un individu ou un petit groupe d'individus (que nous nommerons entrepreneur du changement). Ce dernier définit la cible organisationnelle qu'il considère comme idéale pour satisfaire aux nouveaux critères de performance et, ensuite seulement, définit le cheminement (le passage de l'état A à l'état B). Largement contrainte par la future organisation, la mise en œuvre du changement se résume le plus souvent à la formation des salariés concernés.

Les démarches qui relèvent de la seconde conception sont dites, quant à elles, « négociées ». Les insuffisances de l'organisation actuelle sont clairement mises en évidence et largement partagées. Au lieu de se concentrer uniquement sur la cible organisationnelle, l'entrepreneur du changement cherche à créer une dynamique par le pilotage de multiples processus de

Les deux démarches de changement

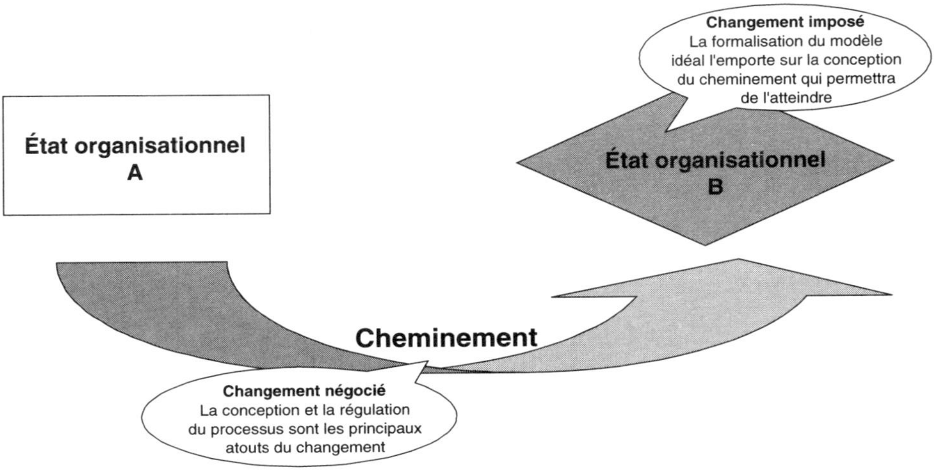

Figure 12.2.

négociation visant à faire émerger progressivement une nouvelle organisation. Il tente de tirer parti de la diversité des motivations et des compétences des salariés concernés par le changement (que nous nommerons acteurs parties prenantes au changement) et non « à faire entrer tout le monde dans un même moule » en offrant des solutions binaires : intégrer ou exclure.

Imposer un changement suppose deux choses :

1. l'entrepreneur du changement dispose de la totalité de l'information, des connaissances et des compétences nécessaires à la définition de la cible organisationnelle ;
2. il possède le pouvoir d'affirmer ses préférences et d'ordonner la mise en œuvre du changement.

Ces conditions remplies, cette démarche est sans doute la plus efficace. Elle a d'ailleurs eu son heure de gloire et est encore fortement ancrée dans la culture de bon nombre d'entreprises. Reste que, aujourd'hui, les conditions qu'elle suppose sont de moins en moins souvent réunies.

Pourquoi des démarches négociées s'imposent-elles de plus en plus ?

Des démarches de changement négocié s'imposent de plus en plus. Pourquoi ? Tout simplement parce que, dans les configurations organisationnelles actuelles, le pouvoir est davantage réparti au sein de l'entreprise. D'une situation où le changement pouvait se résumer à une question de choix technique et où il se décrétait (l'intendance devant suivre selon l'expression consacrée), on passe à une situation où le pouvoir est à la fois le frein et le moteur le plus important du changement. Dans un univers stable et peu complexe, le choix est facile. Dans un univers turbulent qui se complexifie, l'incertitude domine le plus souvent. Ai-je toutes les informations nécessaires et les rapports de pouvoir me sont-ils suffisamment favorables pour que je puisse imposer le changement ? Comment les acteurs parties prenantes vont-ils réagir à la cible organisationnelle que je leur propose ? Quel comportement vont-ils adopter ? Le plus souvent, l'entrepreneur du changement ne peut apporter de réponse précise à ces questions. Il doit parier : imposer ou négocier le changement ?

Mais attention. Si un changement est imposé alors même que les conditions de sa faisabilité ne sont pas remplies, plus la cible organisationnelle sera définie précisément par l'entrepreneur du changement, plus les résistances des acteurs parties prenantes risquent d'être importantes. Pourquoi ? Simplement parce que les enjeux engendrés par le changement seront (pré)visibles et pris comme des données immuables. Inévitablement, ceux qui parmi les acteurs parties prenantes anticiperont une « perte » et qui auront le pouvoir de s'opposer au changement résisteront. Ces résistances se feront jour au moment de sa mise en œuvre si bien que, in fine, l'état organisationnel atteint pourra être fort différent de la cible prévue à l'origine. En définissant de manière moins précise la cible organisationnelle, ces mêmes acteurs s'engageront de manière plus importante dans le changement et utiliseront leur pouvoir, lié à leur autonomie accrue, pour que les enjeux associés à leur situation de travail future se traduisent de la manière la moins défavorable, ou la plus favorable selon les cas, pour eux.

Dépasser le discours lénifiant sur le management participatif

Compte tenu du contexte organisationnel des entreprises d'aujourd'hui, des démarches de changement négocié s'imposent davantage qu'hier. Ces dernières supposent une plus large participation des acteurs parties prenantes au changement. Gardons-nous cependant du discours lénifiant souvent associé au management participatif. Quelles sont les quelques grandes caractéristiques de toute démarche participative de chan-gement ?

D'abord, une démarche de changement est toujours participative : elle l'est simplement plus ou moins. Si un salarié accepte de faire ce que lui demande son responsable hiérarchique, il participe ; s'il ne le fait pas, il participe aussi. Freiner et résister en utilisant son pouvoir sont également des manières de participer. Dans une démarche de changement, comme de manière générale en management, la participation est une question, non pas de nature, mais de degré, d'intensité et de fréquence.

Ensuite, comme l'explique E. Friedberg (1993), la participation a un caractère instrumental. Elle n'est pas une fin en soi, mais est au service du changement. Elle est intéressée tant dans son organisation que dans la sélection de ceux qu'elle cherche à impliquer. La participation n'est rien d'autre qu'un moyen d'animer et de conduire une démarche de changement de manière plus économique et/ou acceptable qu'une autre. En outre, la participation n'est pas forcément un cadeau que l'on fait à ceux auxquels on demande de participer. Si elle leur permet bel et bien de projeter leurs motivations dans la cible organisationnelle à la construction de laquelle ils sont conviés, c'est une activité :

- qui les engage dans la solution à trouver en commun ;
- qui nécessite qu'ils acquièrent de nouvelles connaissances, compétences,... et y consacrent du temps et de l'énergie ;
- dans laquelle ils peuvent perdre beaucoup de leur pouvoir en étant amenés à dévoiler leur métier, savoir-faire, tours de main,...

La participation ne sera ainsi possible que si elle « rapporte » plus qu'elle ne « coûte » à ceux à qui on demande de participer. A cet égard, si on veut que des acteurs, avec leur pouvoir et en situation de rôle, s'engagent de manière effective et efficace dans une démarche participative de changement, il faut leur laisser de réelles marges de manœuvre, c'est-à-dire de véritables zones de négociation qui leur permettent de modeler pour partie l'organisation future à leur « convenance ». Le degré de participation d'une démarche de changement résulte ainsi d'un arbitrage fait par l'entrepreneur du changement entre d'une part, le risque de perte en cohérence dû à la marge de liberté laissée aux acteurs parties prenantes et, d'autre part, leur niveau d'engagement et d'implication dans le changement.

Bâtir une démarche de changement négocié

Définir précisement les objectifs du changement mais rester volontairement flou sur les modalités de mise en œuvre

Deux principes d'action sont essentiels pour structurer une démarche de changement négocié. Le premier consiste à ne pas définir trop précisément la cible organisationnelle, mais seulement les objectifs du changement et la direction à emprunter en demeurant volontairement flou sur les modalités de mise en œuvre. Pourquoi ? Principalement pour donner la possibilité aux acteurs parties prenantes de projeter leurs propres motivations dans la nouvelle organisation. Ce principe d'action s'inspire des tests psychologiques dits projectifs. De quoi s'agit-il ? On présente à un individu un matériel perceptif flou, pas complètement structuré, parfois ambigu, et on lui demande d'y attribuer une signification. L'hypothèse sous-jacente à ce type de tests étant que la structure reconstruite par l'individu à partir du percept flou et la signification qu'il lui donne sont à l'image de sa personnalité dans la mesure où il aura pu y projeter ses propres émotions et motivations.

Donner la possibilité aux acteurs parties prenantes de projeter leurs propres motivations dans la nouvelle organisation.

Devant la planche numéro 1 du test de Rorschach, (voir page suivante) les réponses à des questions du type « C'est quoi ? A quoi cela ressemble-t-il ? A quoi cela vous fait-il penser ? » pourront aller de « deux hommes qui se tiennent par la main », « deux chiens qui sont sur le point de se mordre » jusqu'à « c'est un papillon » ou « c'est une chauve-souris ». Dis-moi ce que tu vois et je te dirai qui tu es.

L'analogie entre démarche de changement négocié et test projectif n'est cependant pas complète. Les planches des tests projectifs sont floues mais aussi ambiguës, ce qui explique que, à partir d'un même matériel de base, on puisse y voir des choses aussi différentes. Il ne peut en être de même pour une démarche de changement, aussi participative soit-elle. Si la cible organisationnelle définie par l'entrepreneur du changement doit demeurer volontairement floue, elle ne doit néanmoins pas être ambiguë. Les objectifs du changement et la direction à

Planche N° 1 du test de Rorschach

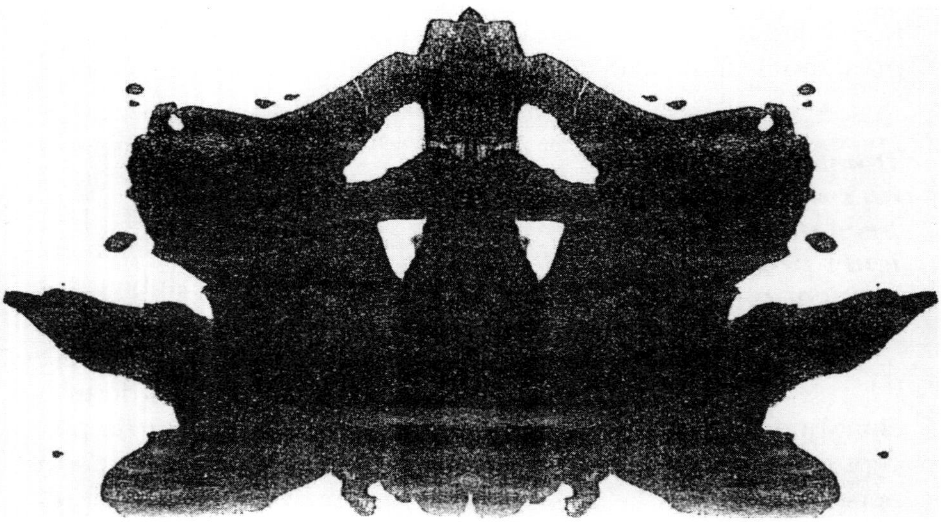

emprunter devront toujours être clairement définis. Ils constitueront la partie non négociable du changement, les règles à partir desquelles les acteurs parties prenantes vont « jouer le changement ». Les modalités de mise en œuvre, la partie négociable, resteront, quant à elles, à définir. C'est ce qui permettra à chaque acteur partie prenante de courir et de concourir, d'adopter une tactique qui, en fonction « des cartes qu'il a en main », lui permettra d'influer sur le contenu (et non le contour) de l'organisation future pour que les enjeux associés à cette dernière se traduisent, au niveau de sa situation de travail, de la manière la plus favorable ou la moins défavorable.

Ce principe d'action, intellectuellement séduisant, exige cependant d'enfreindre certains postulats souvent sous-jacents, d'une part à nos pratiques traditionnelles de management (chercher à tout prévoir, vouloir tout contrôler, ne rien laisser au hasard,...) et, d'autre part, à la représentation de l'individu qui leur est associée (besoin de sécurité, peur de l'inconnu, difficultés à faire face à l'imprévu,...). Incohérentes avec certains traits culturels de bon nombre d'entreprises, les démarches de changement négocié qui s'en inspirent se traduisent alors fréquemment par de l'angoisse et chez l'entrepreneur du changement (je ne sais pas à l'avance à quoi je vais exactement aboutir) et chez les acteurs parties prenantes (je suis perdu, on ne me dit pas quoi faire). Les mécanismes de défense contre l'angoisse sont alors les obstacles les plus courants et importants à ce type de démarches.

Le changement est un processus

On doit le second principe d'action à K. Lewin (1978), fondateur de la psychologie sociale et un des pères de l'étude de la dynamique des groupes. Il nous invite à appréhender le changement comme un processus composé de trois phases : le dégel, le mouvement et la cristallisation.

Le dégel est le processus par lequel un individu ou un groupe d'individus prend conscience de la nécessité et/ou de l'intérêt de changer, et accepte l'idée même du changement. L'objectif est à ce stade de préparer le changement en en faisant émerger les possibilités et les conditions. Cette phase passe souvent par la création d'un sentiment d'insatisfaction (pourquoi changer tant que l'organisation actuelle est perçue comme satisfaisante ?), mais également par une sensibilisation au changement attrayante et rassurante. La restitution de l'analyse de l'organisation actuelle aux acteurs parties prenantes et la réalisation d'un diagnostic partagé peuvent, par exemple, être des moyens féconds de faire prendre conscience de la nécessité et/ou de l'intérêt de changer. Sous certaines conditions, cette étape du changement constitue un mécanisme permettant de créer une situation

Le changement est un processus composé de trois phases : le dégel, le mouvement et la cristallisation.

neutre dans laquelle les comportements existants ne sont pas contestés mais clarifiés, sans que personne ne soit explicitement forcé de prendre position ou de perdre la face.

Le mouvement est le processus par lequel on passe de l'état organisationnel ancien à l'état organisationnel nouveau. C'est une phase durant laquelle on expérimente une nouvelle manière de faire les choses, où on tente d'abandonner les anciennes pratiques pour en inventer de nouvelles. Cette phase du changement doit être structurée de telle manière qu'elle permette aux acteurs parties prenantes de décider conjointement, à la lumière de leur expérience et des faits accumulés lors de la phase de diagnostic, des conditions de mise en œuvre de la nouvelle organisation dans le cadre de la direction et des objectifs prédéfinis. Réunions, groupes de travail,... mis en place lors de cette phase peuvent être organisés et animés comme de véritables « séances de négociation informelle » dans lesquelles les divers acteurs parties prenantes au changement ont l'occasion d'une part, de projeter leurs propres motivations dans la future organisation et, d'autre part, de se mettre d'accord entre eux sachant que leurs objectifs sont nécessairement convergents pour une partie, divergents pour une autre.

La cristallisation est la phase de consolidation des nouveaux comportements requis par le changement. Elle consiste à pérenniser les nouvelles pratiques, à les rendre permanentes et résistantes à des changements futurs, sans quoi les anciennes habitudes se rétablissent et les compétences nouvellement acquises s'estompent : chassez le naturel, il revient au galop dit le proverbe. Au terme de cette phase, les nouvelles pratiques ne doivent plus être perçues comme un changement. Construire des grilles d'auto-évaluation collective, composées de critères tangibles illustrant les comportements attendus dans le cadre de la nouvelle organisation, est un moyen parmi d'autres de structurer la phase de cristallisation. Ces grilles, utilisées de manière régulière dans des instances réunissant les divers acteurs parties prenantes au changement (réunions de service par exemple), permettent de parler ouvertement des problèmes au moment où ils apparaissent, de reconnaître et valoriser les comportements que l'on souhaite voir se pérenniser, et, inversement, d'ignorer ou de sanctionner ceux que l'on souhaite voir disparaître.

Le rôle du consultant : de l'expert à l'accoucheur

Se faire accompagner d'un consultant pour construire et conduire une démarche de changement n'est pas une obligation, loin s'en faut, mais peut, dans bien des cas, et à bien des égards, faciliter les choses. Le changement est souvent un pari (im)possible. Une aide, tant méthodologique que « politique », peut être la bienvenue. Encore faut-il s'entendre sur son contenu.

E.H. Schein (1969), professeur au MIT, identifie trois modèles d'intervention :

- le modèle de l'expert dans lequel le client (l'entrepreneur du changement) a diagnostiqué le problème et attend du consultant une solution ;
- le modèle du médecin, variante du modèle précédent, à la différence près que le consultant dresse lui-même le diagnostic ;
- le modèle de « l'accoucheur », enfin, dans lequel le consultant n'apporte pas directement de solution au client, mais le met en situation de la trouver par lui-même.

Dans une démarche de changement négocié, le consultant s'inspirera davantage du modèle de l'accoucheur que des deux autres. Son rôle peut alors se caractériser de la manière suivante :

1. Il aidera l'entrepreneur du changement à bâtir la démarche de changement, c'est-à-dire à :
   - définir les objectifs du changement et la direction à emprunter en veillant à éliminer toute ambiguïté, mais

également en l'aidant à lutter contre sa tendance naturelle à vouloir trop préciser les choses ;

- concevoir le processus d'émergence de la cible organisationnelle : Quelles sont les étapes du changement ? Qui est associé à chacune d'elles ? Comment ? Quand ?

2. Il structurera les conditions humaines et organisationnelles de faisabilité de la phase de dégel, par exemple en conduisant l'analyse de l'organisation actuelle, animant la restitution de ses résultats, et structurant l'élaboration d'un diagnostic partagé.
3. Lors de la phase de mouvement, il animera les « séances de négociation informelle » : garant du contour de la cible organisationnelle défini par l'entrepreneur du changement, il sera gardien des règles du jeu d'une part ; garant de l'équité entre les divers acteurs parties prenantes, il sera arbitre et « médiateur » d'autre part.
4. Il veillera enfin à se retirer progressivement au fur et à mesure de la consolidation des comportements requis par la nouvelle organisation.

Les points clés de la troisième partie

Vu l'importance des questions de pouvoir dans les configurations organisationnelles actuelles, la mise en place des conditions de coopération dont dépend l'efficacité des entreprises fait de la négociation un mode de management de plus en plus pertinent.

La négociation est une relation de face-à-face où des acteurs interdépendants et en rapport de dépendance et de pouvoir, recherchent par des ajustements réciproques un arrangement recueillant leur accord et leur permettant de réduire leurs divergences.

Compte tenu de l'évolution des formes organisationnelles, une distinction s'impose aujourd'hui entre macro et micromanagement. Le macromanagement est un précieux corps de savoirs à la disposition des dirigeants pour gérer les relations d'une organisation avec son environnement. Le macromanagement est né et a été perfectionné dans le modèle organisationnel traditionnel. Le micromanagement, quant à lui, consiste à gérer des ressources (humaines, matérielles et financières), dans le cadre de contraintes, en vue de produire des résultats conformes aux objectifs organisationnels. Le modèle organisationnel qui émerge sous nos yeux aura davantage besoin de micromanagement parce que ce sera fondamentalement à lui de susciter des comportements individuels convergents avec les objectifs organisationnels.

Une des activités de base du micromanagement consiste à établir un lien entre contributions et rétributions. Au-delà d'un savoir-faire empirique, la gestion de ce lien nécessite une méthode : le contrat contributions/rétributions.

.../...

…/…

Dans la période de transition organisationnelle actuelle, la question du changement est une des préoccupations majeures du management. Parce que davantage réparti au sein de l'entreprise, le pouvoir devient à la fois le frein et le moteur le plus important du changement. Des démarches de changement négocié s'imposent alors de plus en plus.

Conclusion

SOUS LA PRESSION DE L'ÉVOLUTION des environnements économique, technique et sociologique, les objectifs des entreprises se complexifient : recherche de flexibilité et de qualité viennent s'ajouter à la quête de productivité qui garde cependant toute son importance. Pour y faire face, les entreprises trouvent des réponses organisationnelles qui, au niveau des situations de travail, se traduisent par une autonomie accrue et officialisée d'une part, davantage de coopération entre des salariés appartenant à des entités différentes d'autre part. On mise sur les salariés devenus acteurs, et plus seulement sur l'organisation, pour faire face à la complexité croissante des situations. Ce faisant, l'individu devient une véritable ressource pour le management ou plus exactement il possède des ressources, en particulier des compétences, pertinentes pour le management. L'expression Gestion des Ressources Humaines (GRH) prend alors tout son sens.

Ce nouveau statut de l'individu dans l'organisation a une contrepartie. En lui reconnaissant plus d'autonomie et en comptant davantage sur ses compétences pour résoudre les problèmes que lui seul peut résoudre, on lui accorde davantage de pouvoir. Pouvoir et relations de pouvoir ont existé de tout temps dans les organisations, mais n'intervenaient pas suffisamment pour qu'on s'en préoccupe explicitement dans les conditions de leur efficacité. Il n'en va plus de même dans les configurations organisationnelles actuelles. En étant davantage réparti au sein de l'entreprise, le pouvoir cesse d'être seulement une curiosité de sociologue et fait de la sociologie des organisations un immense réservoir de connaissances pour le management. Plus que de nier les phénomènes de pouvoir et de chercher à ne pas les voir, le manager doit apprendre à les utiliser comme des leviers d'action pour accroître l'efficacité du service, département,... dont il a la responsabilité. Il doit apprendre à en faire une opportunité plutôt qu'une contrainte pour l'action collective.

Les entreprises seront "détaylorisées" quand le management sera contractuel

Comment ? En devenant un négociateur. Pourquoi ? Parce que ces transformations organisationnelles ont deux incidences majeures sur le management. D'une part, la relation de management devient avant toute chose une relation de négociation. Concrètement, cela veut dire que le problème principal du management consiste à créer des conditions favorables à des relations de négociation. Des conditions favorables à la négociation dans le management de ses collaborateurs, mais également dans la conduite du changement organisationnel. D'autre part, le micromanagement, dimension du management quasi oubliée dans le modèle organisationnel traditionnel, prend autant d'importance que le macromanagement dans le modèle organisationnel qui émerge sous nos yeux.

Si les transformations organisationnelles modifient la nature même du management, elles sont en même temps conditionnées par une évolution de ce dernier. Les organisations seront véritablement détaylorisées et débureaucratisées quand le management sera réellement contractuel. Or, les conditions d'une telle évolution résident pour beaucoup dans la culture des entreprises. Si la culture, notion importée de l'ethnologie, est aujourd'hui intéressante pour le management, c'est moins parce qu'elle constitue un nouveau mode de régulation des formes organisationnelles actuelles que parce que son évolution conditionne l'apparition de ces dernières. Le problème principal pour passer d'un modèle mécanique, dans lequel on cherche à faire entrer les individus dans le moule de l'organisation, à un modèle organique, où l'organisation se structure autour et à partir des individus qui la composent, réside fondamentalement dans une évolution de la culture d'entreprise, composante la plus prégnante et donc la plus lente et la plus difficile à faire évoluer du système que constitue toute organisation.

Les sciences humaines et sociales doivent davantage pénétrer le monde de l'entreprise

Une condition semble indispensable pour que les cultures d'entreprise évoluent et donc pour passer réellement d'un modèle organisationnel à l'autre : que les sciences humaines et sociales, et en particulier la sociologie des organisations, pénètrent le monde des entreprises dont elles sont encore trop souvent absentes. Paradoxalement, les Directions des Ressources Humaines ne sont pas forcément les bonnes portes d'entrée. Pourquoi ? On ne fait plus aujourd'hui de la GRH comme Monsieur Jourdain de la prose sans le savoir. Au cours des deux dernières décennies, les Directions des Ressources Humaines se sont beaucoup professionnalisées. Cependant, cette professionnalisation s'est principalement développée autour d'outils. Les Directions des RH, en particulier dans les entreprises de taille importante, se sont pour beaucoup structurées sur la base d'une spécialisation technique : la formation d'un côté, la rémunération de l'autre,... Cette division quasi taylorienne du travail de GRH produit des spécialistes dont la rationalité finit par ne plus toujours rencontrer celle des managers de la ligne hiérarchique. Les professionnels des DRH peuvent du coup se trouver quelque peu coupés du fonctionnement réel de l'entreprise et éprouver quelques difficultés à agir en profondeur sur le système social que constitue toute organisation.

Mais alors comment faire pénétrer la sociologie des organisations dans l'entreprise ? Quelle porte d'entrée choisir ? Celle du micromanagement. Dans les modèles organiques, le manager devient nécessairement le véritable DRH de l'unité dont il a la responsabilité. La déconcentration du pouvoir de décision en matière de gestion des ressources humaines est aussi une condition de réussite de la mise en place de ce modèle organisationnel. Dotés d'un pouvoir de décision suffisant, la proximité avec leurs collaborateurs permettra aux managers de gérer conjointement contributions et rétributions, et de tirer ainsi le meilleur parti des ressources possédées par leurs collaborateurs. L'ambition de cet ouvrage est de leur fournir raisonnements, méthodes, grilles de lecture et outils pour les aider à remplir ce rôle.

Glossaire

Avantages (et inconvénients) : Toute situation de travail entraîne pour son titulaire un certain nombre d'avantages et d'inconvénients, matériels et immatériels. Toute modification de la situation a des conséquences sur les avantages et les inconvénients et, par contrecoup, sur les comportements.

Caractéristiques organisationnelles : Traduction au niveau d'une situation concrète de l'interaction entre les différents composants du système organisation. Les effets organisationnels (positifs ou négatifs) trouvent leur origine dans les caractéristiques organisationnelles. Le problème du management consiste ainsi à susciter des comportements permettant d'obtenir des effets organisationnels positifs, grâce à des enjeux divers et variés, en instituant des caractéristiques organisationnelles propres à créer ces enjeux.

Contrat : La relation de management se concrétise par un contrat entre le manager et ses collaborateurs. Ce contrat comprend les rétributions garanties par le manager en échange des contributions que les collaborateurs doivent apporter. La gestion des contrats contributions/rétributions est souvent dispersée et insuffisamment assurée.

Contributions : Ce que le titulaire d'une situation de travail doit fournir en échange des rétributions. Les définitions de fonction et les techniques de Direction Par Objectifs (DPO) formalisent les contributions attendues. Les entretiens d'évaluation visent à préciser les contributions fournies. Il convient cependant de resituer la question des contributions dans un contexte plus large qui embrasse également les relations de pouvoir et de dépendance, les enjeux et les rétributions.

Culture d'entreprise : Chaque entreprise produit sa propre culture. Cette dernière constitue l'un des composants du système organisation. La culture d'entreprise est un ensemble de valeurs, croyances et normes de comportement, évidentes pour et partagées par les membres de l'entreprise, qui se manifestent par des productions symboliques et construites tout au long de l'histoire de l'entreprise en réponse aux problèmes rencontrés.

Démarche de changement : La démarche de changement est le cheminement qui permet de passer d'un état organisationnel A à un état organisationnel B. Elle est imposée si elle vise à faire assimiler par les salariés un modèle construit intellectuellement *a priori* par un ou plusieurs décideurs autorisés et négociée si, au contraire, elle est conçue comme un processus de négociations successives visant à faire émerger progressivement la nouvelle organisation.

Dispositions : Une part des comportements peut s'expliquer par les dispositions des individus, c'est-à-dire des facteurs intrapsychiques comme les traits de personnalité ou les besoins. Il reste que les situations imposent aux individus de s'adapter à leurs contraintes et à leurs enjeux, et réduisent ainsi d'autant le poids explicatif des seules dispositions. Ces dernières, formulées en langage psychologique général, demeurent en outre difficiles à lier aux caractéristiques organisationnelles. Enfin, les comportements concrets et précis résultent de processus beaucoup plus complexes que les manifestations des seules dispositions.

Effet organisationnel : Résultat organisationnel directement lié au comportement des acteurs parties prenantes à la résolution d'un problème particulier. Un effet organisationnel est positif quand le résultat est conforme aux objectifs organisationnels et négatif dans le cas contraire.

Enjeux : Dans une situation de travail, certaines caractéristiques organisationnelles procurent des avantages ou au contraire occasionnent des inconvénients. Le titulaire considère de ce fait ces éléments comme des enjeux qu'il craint de perdre, qu'il souhaite conserver ou accroître ou au contraire dont il aimerait se débarasser ou minimiser la présence ou la fréquence.

Négociation : Relation de face-à-face où des acteurs interdépendants et en rapport de dépendance et de pouvoir recherchent par des ajustements réciproques un arrangement recueillant leur accord et leur permettant de réduire leurs divergences.

Objectifs : L'un des composants du système organisation. Les dirigeants d'une entreprise en définissent les objectifs et, par-là même, les contributions attendues de ses différents membres. Les managers tout au long de la chaîne hiérarchique, dans leur fonction de gestion des contrats contributions/rétributions, assurent la convergence des objectifs organisationnels et des comportements individuels (contributions effectives) et ceci malgré la part divergente demeurant nécessairement entre objectifs organisationnels et objectifs individuels.

Pouvoir : L'inverse de la dépendance. X a du pouvoir sur Y dans la mesure où, à un moment donné, Y dépend de X pour obtenir ce qu'il cherche. Les relations de pouvoir sont inégales, variables et réciproques. Si certaines sources de pouvoir ont un caractère de permanence, le pouvoir ne s'accumule pas mais intervient entre les acteurs selon les situations et les relations qui en résultent.

Rationalité : Chaque acteur recherche par son comportement la meilleure répartition entre ses contributions et les rétributions qu'il tire de sa situation de travail. Comprendre un comportement consiste à en rechercher la rationalité. Un comportement rationnel pour son auteur peut sembler peu raisonnable à quelqu'un d'autre qui ne partage pas la même rationalité.

Résistance au changement : Réponse d'un individu au problème que lui pose un changement qui signifie d'une part, que le changement ne produit pas d'avantages suffisamment intéressants ou occasionnent des inconvénients trop importants pour qu'il juge pertinent de changer sa manière de faire ou d'être et, d'autre part, qu'il possède suffisamment de pouvoir pour s'opposer au changement.

Rétributions : Ce que le titulaire d'une situation de travail obtient en échange de ses contributions. Les rétributions monétaires, bien que très importantes, ne constituent qu'une partie des rétributions d'une situation de travail. Une évolution des caractéristiques organisationnelles peut accroître ou diminuer les rétributions en modifiant les enjeux.

Système : Ensemble finalisé d'éléments en interaction. L'organisation est un système composé de quatre sous-systèmes : objectifs, structures, techniques et culture.

Système d'action concret : Manière dont les acteurs organisent leur système de relations pour résoudre les problèmes concrets posés par le fonctionnement de l'entreprise. L'organisation peut se concevoir comme une mosaïque de systèmes d'action concrets.

Stratégie : Dire d'un comportement qu'il est stratégique signifie qu'on met l'accent sur le fait qu'il constitue aux yeux de son auteur la meilleure solution trouvée face à une situation/problème. La stratégie renvoie à la rationalité de l'acteur.

Structures : L'un des composants du système organisation. On distingue micro et macro structures d'une part, structures formelles et informelles d'autre part. L'organigramme ne peut donner qu'une image approchée, simplifiée et limitée des structures.

Techniques : L'un des composants du système organisation. On peut distinguer les techniques de production, techniques « hard », des techniques de gestion plus « soft ». Chaque technique induit des comportements spécifiques par les enjeux qu'elle suscite.

Bibliographie

ADAMS J.S. – « *Inequity in social exchange* » in BERKOWITZ L. et alii. – Advances in experimental social psychology, Academic Press, 1965.

ALTER N. et DUBONNET C. – *Le manager et le sociologue*, L'Harmattan, 1994.

ARGYRIS C. et SCHÖN D.A. – *Organizational Learning : A Theory of Action Perspective*, Addison-Wesley, 1978.

ATKINSON G. – *The Effective Negociator*, Quest Publications, 1975.

BANDURA A. – *L'apprentissage social*, Pierre MARDAGA Éditeur, 1980.

BARNARD C. – *The Functions of the Executive*, Harvard University Press, 1938.

BEM D.J. – « *Self-perception theory* » in BERKOWITZ et alii. – Advances in experimental social psychology, Academic Press, 1972.

BENEDICT R. – *Patterns of Culture*, Houghton Mifflin, 1934.

BERNOUX Ph. – *La sociologie des organisations : initiation*, Seuil, 1985.

BERRY M. – *Une technologie invisible ? L'impact des instruments de gestion sur l'évolution des systèmes humains*, École Polytechnique, 1983.

BOUDON R. – *L'idéologie*, Fayard, 1986.

BOURDIEU P. – « *Réponses aux économistes* » in Économies et Sociétés, N° 10, 1984.

BOURDIEU P. – *Réponses*, Seuil, 1992.

BURNS T.R. et STALKER G.M. – *The management of innovation*, Tavistock, 1966.

CHALVIN D. – *L'entreprise négociatrice*, Dunod, 1997.

COMMARMOND G. et EXIGA A. – *Le management par les objectifs*, Dunod, 1998.

CRÉMADEZ M. – *Le management stratégique hospitalier*, Masson, 1997.

CROZIER M. – *Le phénomène bureaucratique*, Seuil, 1964.

CROZIER M. – *L'entreprise à l'écoute. Apprendre le management post-industriel*, InterÉditions, 1989.

CROZIER M. et FRIEDBERG E. – L'acteur et le système, Seuil, 1977.

DELAVALLÉE E. – « *Pour ne plus gérer sans la culture* » in Revue Française de Gestion, Septembre-Octobre, 1996.

DELAVALLÉE E. – « *Changement organisationnel et Gestion des Ressources Humaines* » in WEISS D. et alii. – *Les Ressources Humaines*, Les Éditions d'Organisation, 1999.

DONNADIEU G. – *Manager avec le social*, Éditions Liaisons, 1997.

DUPONT C. – *La négociation : conduite, théorie, applications*, Dunod, 1994.

DUPUY F. – *Le client et le bureaucrate*, Dunod, 1998.

EVERAERE C. – *Autonomie et collectifs de travail*, Les Éditions de l'ANACT, 1999.

EMERY F.E. et TRIST E.L. – « *Socio-technical systems* » in Emery F.E. – *Systems thinking*, Penguin, 1969.

FESTINGER L. – *A theory of cognitive dissonance*, Row&Paterson, 1957.

FISHER R. et URY W. – *Getting to Yes*, Houghton Mifflin, 1981. Traduction française : *Comment réussir une négociation*, Seuil, 1982.

FRANCFORT I., OSTY F., SAINSAULIEU R. et UHALDE M. – *Les mondes sociaux de l'entreprise*, Desclée de Brouwer, 1995.

FRIEDBERG E. – *Le pouvoir et la règle*, Seuil, 1993.

FRIEDBERG E. – « *Sociologie et action managériale. L'utilité d'une approche sociologique pour le management* » in Gérer et Comprendre, Annales des Mines, Mars, 1996.

GALBRAITH J.K. – *Le nouvel État industriel*, Seuil, 1968.

GHOSHAL S. et BARTLETT C. – *The Individualized Corporation, A Fundamentally New Approach to Management*, Harper Collins, 1997. Traduction française : *L'entreprise individualisée : une nouvelle logique de management*, Maxima, 1998.

GOLEMAN D. – *Emotional Intelligence*, Bantam Books, 1985. Traduction française : *L'intelligence émotionnelle*, Robert Laffont, 1997.

HAMMER M. et CHAMPY J. – *Reengineering the Corporation : a Manifesto for Business Revolution*, Harper Business, 1993. Traduction française : *Le Reengineering : réinventer l'entreprise pour une amélioration spectaculaire de ses performances*, Dunod, 1993.

HERSEY P. et BLANCHARD K. – *Management of Organizational Behavior. Utilizing Human Resources*, Prentice Hall, 1969.

HERZBERG F. – *Work and the nature of man*, World Publishing, 1966. Traduction française : *Le travail et la nature de l'homme*, EME, 1971.

KANTER R.M. – « *Power in management circuits* » in Harvard Business Review, N° 4, 1979.

KING N. – « *Clarification and evaluation of the two-factor theory of job satisfaction* » in Psychological Bulletin, N° 74, 1970.

KROEBER A.C. et KLUCKHOHM – *Culture : a critical review of concepts and definitions*, Peabody Museum of Archeology and Ethnology Papers, N° 47, Harvard University, 1952.

LAWRENCE P.R. et LORSCH J.W. – *Organization and environment*, Harvard University Press, 1967. Traduction française : *Adapter les structures de l'entreprise*, Les Éditions d'Organisation, 1989.

LAX D.A. et SEBENIUS J.K. – *The Manager as Negociator*, The Free Press, 1986.

LEWIN K. – « *Décisions de groupe et changement social* » in LÉVY A. – *Psychologie sociale : textes fondamentaux anglais et américains*, Dunod, 1978.

LIKERT R. – *The human organization : its management and value*, Mac Graw Hill, 1967.

LIVIAN Y.F. – *Gérer le pouvoir dans les entreprises et les organisations*, Les Éditions ESF, 1987.

LIVIAN Y.F. – *Organisation : théories et pratiques*, Dunod, 1998.

MASLOW A. – *Motivation and Personality*, Harper&Row, 1954.

MARCH J.G. et CYERT R.M. – *A behavioural theory of the firm*, Prentice Hall, 1963. Traduction française : *Processus de décision dans l'entreprise*, Dunod, 1970.

MÉLÈSE J. – *La gestion par les systèmes*, Éditions Hommes et Techniques, 1968.

MINTZBERG H. – *The nature of Managerial Work*, Prentice Hall, 1973. Traduction française : *Le manager au quotidien : les dix rôles du cadre*, Les Éditions d'Organisation, 1984.

MINTZBERG H. – *The Structuring of Organizations : a synthesis of the research*, Prentice Hall, 1981. Traduction française : *Structure et dynamique des organisations*, Les Éditions d'Organisation, 1982.

MORIN P. – *Le management et le pouvoir*, Les Éditions d'Organisation, 1985.

MORIN P. – *Organisation et motivations*, Les Éditions d'Organisation, 1989.

MORIN P. – *L'art du manager. De Babylone à l'Internet*, Les Éditions d'Organisation, 1998.

PAVÉ F. – « *Pour une approche laïque du « mystère » de l'intégration* » in Gérer et Comprendre, Annales des Mines, Mars, 1992.

PEDLER M. – « *Negotiating Skills Training* » in Journal of European Industrial training, Vol. 4, 5 et 6, 1977, 1978.

PERETTI J.M. et alii. – *Tous DRH*, Les Éditions d'Organisation, 1996.

PETERS T.J. et WATERMAN R.H. – *In Search of Excellence*, Prentice Hall, 1982. Traduction française : *Le prix de l'excellence*, InterÉditions, 1983.

RACKHAM N. et CARLISLE J. – « *The Effective Negotiator* » in Journal of European Industrial Training, Vol. 6 et 7, 1978.

ROJOT J. – *La négociation*, Dunod, 1994.

SAINSAULIEU R., EXIGA A. et PIOTET F. – *Guide d'analyse sociologique des conditions de travail*, Les Éditions de l'ANACT, 1981.

SCHEIN E.H. – *Process Consultation. Its Role in Organization Development*, Addison-Wesley, 1969.

SCHEIN E.H. – « *Coming to a New Awareness of Organizational Culture* » in Sloan Management Review, Hiver, 1984.

SIMON H.A. – *Administrative behavior*, Mac Millan, 1947. Traduction française : *Administration et processus de décision*, Économica, 1983.

SIMON H.A. – *The Sciences of the Artificial*, MIT Press, 1969. Traduction française : *La science des systèmes, science de l'artificiel*, EPI, 1974.

SIROTA D. et GREENWOOD J.M. – « *Understand Your Workforce* » in Harvard Business Review, N° 24 1981.

STREBEL P. – « *Why Do Employees Resist Change ?* » in Harvard Business Review, May-June, 1996.

THURON L. – *The zero-sum solution*, Simon and Schuster, 1985.

VROOM V.H. – *Work and motivation*, Wiley, 1964.

WATZLAWICK P. et alii. – *Change. Principles of Problem Formation and Problem Resolution*, 1973. Traduction française : *Changements : paradoxes et psychothérapie*, Seuil, 1975.

WOODWARD J. – *Industrial organization : theory and practice*, Oxford University Press, 1965.

ZAN S. et FERRANTE M. – *Le phénomène organisationnel*, L'Harmattan, 1996.

ZARIFIAN Ph. – *Objectif compétence*, Éditions Liaisons, 1999.

Index

M

O

P

R

S

T

Composé par Andassa
Achevé d'imprimer : Jouve, Paris
N° d'éditeur : 2255
N° d'imprimeur : 296000L
Dépôt légal : Juin 2001
Imprimé en France